Narzissmus, Machiavellismus und Psychopathie in Organisationen

Kai Externbrink
Moritz Keil

Narzissmus, Machiavellismus und Psychopathie in Organisationen

Theorien, Methoden und Befunde zur dunklen Triade

Mit einem Vorwort von Hans-Werner Bierhoff

Springer

Kai Externbrink
FOM Hochschule für Oekonomie & Management
Dortmund
Deutschland

Moritz Keil
Systemisches Coaching und Begabungsanalyse
Köln
Deutschland

ISBN 978-3-658-17238-1 ISBN 978-3-658-17239-8 (eBook)
DOI 10.1007/978-3-658-17239-8

Die Deutsche Nationalbibliothek verzeichnet diese Publikation in der Deutschen Nationalbibliografie; detaillierte bibliografische Daten sind im Internet über http://dnb.d-nb.de abrufbar.

Umschlaggestaltung: deblik Berlin
Einbandabbildung: © Fotolia

Gedruckt auf säurefreiem und chlorfrei gebleichtem Papier

Springer ist Teil von Springer Nature
Die eingetragene Gesellschaft ist Springer Fachmedien Wiesbaden GmbH
Die Anschrift der Gesellschaft ist: Abraham-Lincoln-Str. 46, 65189 Wiesbaden, Germany

Vorwort von Hans-Werner Bierhoff

In der Wirtschaftspresse finden sich in der jüngsten Vergangenheit immer wieder Beiträge darüber, wie sich Mitarbeiter gegenüber schwierigen Kollegen und Vorgesetzten erfolgreich verhalten können. Das verweist auf die große Alltagsbedeutung des Auftretens von schwierigen Persönlichkeiten im Berufsleben. Die beste Kennzeichnung der schwierigen Persönlichkeit wurde von zwei kanadischen Psychologen – Delroy Paulhus und Kevin Williams – mit der dunklen Triade vorgeschlagen, deren Auftreten für die Funktionsweise von Organisationen äußerst bedeutsam ist, nicht zuletzt, weil Personen in Führungspositionen relativ häufig in diese problematische Richtung tendieren.

Die dunkle Triade steht für die Kombination von drei Merkmalen, die miteinander zusammenhängen: Machiavellismus, Narzissmus und Psychopathie. Was darunter im Einzelnen zu verstehen ist, wird von den Autoren im Detail und anschaulich herausgearbeitet. Gemeinsam ist diesen Persönlichkeitsmerkmalen jedenfalls der antisoziale Kern, der in niedriger Verträglichkeit zum Ausdruck kommt. Die zentrale Fragestellung ist auf das Verstehen der dunklen Persönlichkeit gerichtet. Wie funktioniert sie? Was hat sie für Auswirkungen? Wie lassen sich ihre negativen Effekte eindämmen?

Ich bin begeistert darüber, wie Kai Externbrink und Moritz Keil diese auf dem neuesten Stand basierende Abhandlung über die dunkle Triade in Organisationen geschrieben haben. Die Darstellung folgt einem roten Faden des evidenzbasierten Wissens, jenseits von üblichen Vorurteilen und Vereinfachungen: Von den Theorien geht es über die aktuellen Befunde zu den Interventionsmöglichkeiten in der Praxis der Organisation. Letztere bezieht Personaldiagnostik, Personalentwicklung und Personalführung sowie Organisationsstrukturen in die Betrachtung ein. Wie lassen sich Defizite in der Beziehungsorientierung bei den von der dunklen Triade gekennzeichneten Mitarbeitern und Führungskräften minimieren oder ganz vermeiden?

Besonders beachtenswert ist die Unterscheidung zwischen günstigen Auswirkungen und kontraproduktiven Resultaten der dunklen Triade. Denn bestimmte Tendenzen wirken sich für den Leistungserfolg förderlich aus (Beispiel Realpolitiker, kühle Taktiker, frei von Gefühlen, die den rationalen Blick verstellen können, Stress-Immunität), andere jedoch kontraproduktiv (Aggression, Egozentrismus, destruktive Führung, Entgleisen als Führungskraft, Gefühlskälte, Impulsivität, Überheblichkeit, Zynismus). Ein besonderes Verdienst von *Narzissmus, Machiavellismus und Psychopathie in Organisationen – Theorien, Methoden und Befunde zur dunklen Triade* liegt darin, dass die Auswirkungen der dunklen Triade im Organisationskontext differenziert und abwägend betrachtet werden. Daher empfehle ich dieses grundlegende und gleichzeitig praxisorientierte Buch für alle Personen, die im beruflichen Kontext auf die dunkle Triade treffen, sei es als Betroffene oder als Personalverantwortliche. Die Autoren stellen wertvolle Techniken und Tipps zusammen, die eine erfolgreiche Intervention ermöglichen.

Hans-Werner Bierhoff

Vorwort der Autoren

> » *A Narcissist, a Psychopath and a Machiavellian Walk into a Bar. The bartender asks, who has the darkest personality out of you three? The Narcissist says: "me", the Psychopath says: "I don't care", and the Mach says: "it's whoever I want it to be".*
> Raj Chopra (2013)

Die Arbeit mit der dunklen Triade ist in vielerlei Hinsicht wie ein Spiel mit dem Feuer – anziehend, aufregend, aber vor allem gefährlich. Und zwar aus mindestens vier Gründen: Erstens, das Thema ist spektakulär. Man muss sich also gelegentlich den Vorwurf der Effektheischerei gefallen lassen. Aber das kann man aushalten (es sei denn man unterliegt der eigenen narzisstischen Kränkung). Zweitens, es wird sehr viel dazu publiziert. Man muss also häufig unterscheiden zwischen dem, was einfach nur spektakulär ist, und dem, was wirklich auf Evidenz beruht. Drittens, man darf sich nicht zur Vereinfachung hinreißen lassen. Wie Sie lesen werden, gibt es konzeptionelle Ungereimtheiten, gegenläufige Befunde und viel Überraschendes. Die Forschung auf diesem Gebiet ist eben genauso schillernd, wie die Personen, mit denen sie sich beschäftigt (wir hoffen, sie haben bisher keine von ihnen näher kennen gelernt). Viertens, das Thema ist praxisrelevant. Man darf also keinen Fehler machen, wenn man Befunde generalisiert, oder die Limitationen außer Acht lässt, die allem Evidenzglauben zum Trotz existieren (man denke nur an die Probleme mit der Messung von Psychopathie).

Wir haben das Spiel mit dem Feuer trotzdem gewagt und uns diesem komplexen Konstrukt gewidmet, weil wir eine deutschsprachige Monographie erstellen wollten, die es dem Leser ermöglicht, sich schnell und gefahrlos in das Wesentliche zur dunklen Triade einzuarbeiten.

Wir danken allen Kollegen, Studierenden und (privaten) Lektoren, die uns bei der Erstellung unterstützt, kritisiert und weitergeholfen haben.

Kai Externbrink und Moritz Keil

Die Autoren

Dr. Kai Externbrink
ist Professor für Wirtschaftpsychologie an der FOM Hochschule für Oekonomie & Management. Er studierte Psychologie an der Ruhr-Universität Bochum mit den Nebenfächern Personalökonomie und Arbeitsrecht. Hier promovierte er auch zum Thema „Führung in Veränderungsprozessen". Nach dem Studium war er in verschiedenen Unternehmensberatungen in London, Frankfurt am Main und Köln tätig. Seine Praxistätigkeit umfasst alle Fragen der internationalen Managementdiagnostik und Führungskräfteentwicklung. Seine Schwerpunkte in Forschung und Lehre sind Führungspsychologie, Persönlichkeitspsychologie und Eignungsdiagnostik.

Moritz Keil
studierte Wirtschaftspsychologie an der Hochschule Fresenius mit den Schwerpunkten Human Resources und Organisationspsychologie und forscht an der Universität Osnabrück am Institut für Psychologie. Nach mehrjähriger Erfahrung in Recruiting und Personalentwicklung im KMU und DAX30 Umfeld und einer Ausbildung zum systemischen Coach gründete er seine eigene Beratungsfirma. Er begleitet Führungskräfte und Mitarbeiter in Veränderungsphasen durch gesprächsbasierte Methoden, psychometrische Testverfahren und Psychoedukation. Schwerpunkte seiner Forschungs- und Lehrtätigkeit sind Differentielle Psychologie, Führungspsychologie und Wirtschaftspsychologie.

Inhaltsverzeichnis

Abbildungsverzeichnis

Tabellenverzeichnis

Einleitung

K. Externbrink, M. Keil, *Narzissmus, Machiavellismus und Psychopathie in Organisationen*,
DOI 10.1007/978-3-658-17239-8_1

Zusammenfassung
Für die Schattenseiten der Führungspersönlichkeit gibt es zahlreiche aktuelle Beispiele. Eine gute Systematisierung subklinischer Persönlichkeitszüge stammt von Paulhus und Williams, die den Begriff der dunklen Triade geprägt und damit einen wichtigen Anstoß für die wirtschaftspsychologische Forschung gegeben haben. Hier setzen wir an und skizzieren die zentralen Fragen, die unsere Monographie beantworten soll.

» *Not all psychopaths are in prison. Some are in the boardroom.*
Robert Hare (2002)

Richard Fuld ist ein amerikanischer Bankmanager und der ehemalige CEO von Lehman Brothers, der Bank, die den größten Bankrott der Geschichte verzeichnete. Bei Außenstehenden löst er zu gleichen Teilen Furcht und Bewunderung aus.

Der Gorilla

Fuld studierte an der New York University und schloss mit einem Master of Business Administration ab. Seine erste Karriere als Pilot bei der US Airforce scheiterte, weil er gegenüber einem Vorgesetzten handgreiflich wurde. Bei Lehman Brothers stieg er als Praktikant ein. Während seines Aufstiegs zum CEO verdiente er sich mit seinen berüchtigten Wutanfällen den Spitznamen „der Gorilla". Ein ausgestopftes Gorilla-Exemplar war dann später auch in seinem Büro ausgestellt. Fuld verhalf seinem Unternehmen zu enormen Gewinnen, bis zu 48 Millionen Dollar im Jahr 1997. Davon nutzte er 46 Millionen zur Belohnung des oberen Managements und zwei Millionen für die hierarchisch weiter unten angesiedelten Mitarbeiter. Die gewaltigen Gewinnsteigerungen waren mit unkalkulierbaren Risiken verbunden. Auf einem internen Firmenvideo von 2007, das später von der BBC veröffentlicht wurde, tritt er vor seine Führungskräfte und hält unter Beifall die folgende Rede: „If we get this right today, I hope we'll squeeze some of those shorts, and squeeze 'em hard. Not that I wanna hurt 'em, don't get that please, cause that's just not who I am. I am soft, I am loveable. But what I really wanna do, is, I wanna reach in, rip out their heart and eat it, before they die." Im Jahr 2008 war Fuld der am längsten amtierende Direktor der Wall Street. Seit dem Zusammenbruch der Bank hat er einmal in der Öffentlichkeit gesprochen. Seine Kernbotschaft war, dass er gar nicht wisse, wie es überhaupt so weit habe kommen können und dass ihn keinerlei Schuld treffe.

Verhalten als Funktion von Person und Situation

Man muss kein Psychologe sein, um sich zu fragen, was in der oben beschriebenen Geschichte falsch gelaufen ist. Mit Sicherheit kommen hier aus psychologischer Sicht zwei Einflussfaktoren zusammen: erstens die Situation, in der sich ein Manager befindet, und zweitens seine Persönlichkeit. Im Folgenden möchten wir auf den zweitgenannten Aspekt eingehen und damit auf einen Themenkomplex, der in den letzten zehn Jahren in der Organisationspsychologie ein starkes Interesse hervorgerufen hat. Im Fokus stehen dabei insbesondere drei Persönlichkeitseigenschaften: Narzissmus, Machiavellismus und Psychopathie.

Noch gesund oder schon krank? Subklinische Persönlichkeitseigenschaften

Im Unterschied zur klinischen Psychologie geht es hierbei allerdings um Eigenschaften im subklinischen Bereich, der sich vom Bereich der Persönlichkeitsstörungen nicht durch die Art des Verhaltens, sondern durch das Ausmaß und die Häufigkeit des Verhaltens unterscheidet (LeBreton et al. 2006).[1]

Die dunkle Triade der Persönlichkeit

Da Narzissmus, Machiavellismus und Psychopathie häufig zusammen auftreten und in moderatem Maße miteinander korrelieren, haben Paulhus und Williams (2002) die Konstrukte unter dem Label „die dunkle Triade der Persönlichkeit" zusammengefasst und damit den Impuls für viele weitere Forschungsarbeiten gegeben. Wie ◘ Abb. 1.1 zeigt, teilen alle drei Konstrukte einen antisozialen Kern, der sich am besten durch konsequentes Eigeninteresse, manipulatives Verhalten und Empathielosigkeit charakterisieren lässt. Gleichzeitig haben sie aber auch eigenständige und zum Teil gegenläufige Komponenten. So zeichnet sich Machiavellismus z. B. durch kühle Berechnung und langfristiges Taktieren aus, während Psychopathie durch impulsive Nonkonformität geprägt ist. Das macht eine differenzierte Auseinandersetzung mit den Konstrukten nicht nur notwendig, sondern auch sehr spannend.

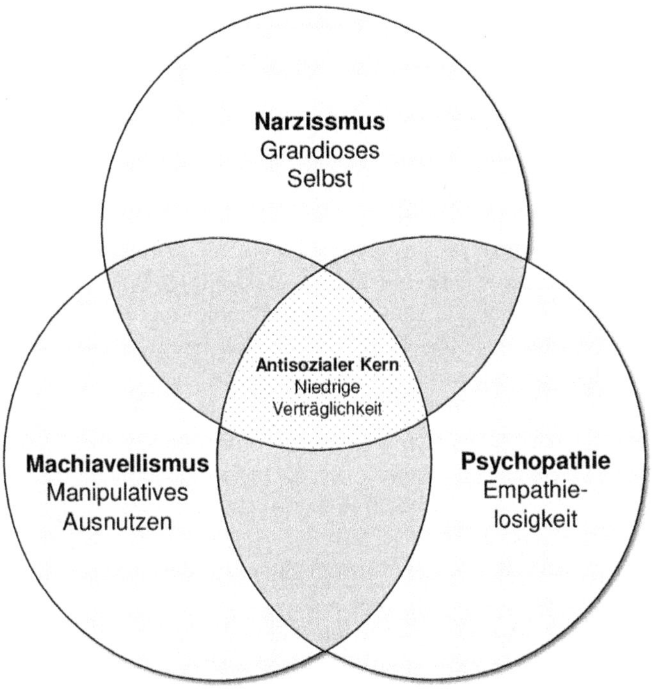

◘ **Abb. 1.1** Die dunkle Triade der Persönlichkeit; adaptiert nach Küfner et al. (2014) © Hogrefe

1 Wenn also fortan von Narzissten, Machiavellisten und Psychopathen die Rede ist, dann sind stets subklinische Ausprägungen gemeint, der Zusatz entfällt aber zugunsten einer besseren Lesbarkeit.

Aufstieg kommt vor dem Fall

Dunkle Persönlichkeitseigenschaften zeichen sich zudem durch eine ausgesprochene Zweigesichtigkeit aus. So können sie in moderater Ausprägung durchaus zuträglich für den Erfolg in und von Organisationen sein, weil sie zum Teil mit typischen Anforderungen übereinstimmen, denen sich Führungskräfte stellen müssen. Damit steigen Narzissten, Machiavellisten und Psychopathen auch schneller und erfolgreicher in Führungspositionen auf als andere. Auf der anderen Seite begünstigen sie die Entgleisung und das Versagen von Managern und bergen äußerst destruktives Potenzial. Denn zu oft offenbart sich die Schattenseite ihrer Persönlichkeit erst, wenn sie in einer verantwortungsvollen Position angekommen sind. Aus einem besseren Verständnis der Dynamik dunkler Persönlichkeitseigenschaften in Organisationen lassen sich also beispielsweise Maßnahmen ableiten, die in einer Verbesserung der Nachhaltigkeit des Managementhandelns und zu einer Vermeidung von Management-Derailment führen können.

Beitrag des Buches für Wissenschaft und Praxis

Der vorliegende Beitrag soll das Wesentliche zur dunklen Triade liefern und den Leser in konzentrierter Form über den State of the Art der wissenschaftlichen und praktischen Diskussion über dunkle Persönlichkeitseigenschaften in Organisationen informieren. Daher eignet er sich besonders als einführende Lektüre für Studierende, Wissenschaftler und Praktiker gleichermaßen, für die die dunkle Triade ein noch unbekanntes Themenfeld darstellt. Zudem soll er sich – so gut dies bei dem Thema möglich ist – von populärwissenschaftlichen Publikationen abgrenzen, die sich den schillernden Charakter dieser Eigenschaften zunutze machen und zwar oftmals sehr unterhaltsam zu lesen sind, aber eben auch häufig mit Vereinfachungen arbeiten und zu wenig auf Evidenz basieren.

Dunkle Persönlichkeiten verstehen

Dazu möchten wir zunächst die zentralen Eigenschaften der einzelnen Konstrukte näher beschreiben und auf ihren Entstehungshintergrund eingehen. Für ein tieferes Verständnis untersucht das daran anschließende Folgekapitel ihren Zusammenhang mit anderen Persönlichkeitseigenschaften. Das dritte Kapitel enthält eine kurze Übersicht zu aktuellen Messinstrumenten, die vorrangig im Kontext der (anwendungsorientierten) Forschung eingesetzt werden können. Anschließend berichten wir aktuelle Befunde, die im Organisationskontext relevant sein dürften, und versuchen erste Antworten auf folgende Fragen zur dunklen Triade zu finden:

- In welchen Berufen oder Arbeitssektoren findet man Personen mit einer hohen Ausprägung?
- In welcher Beziehung stehen diese Eigenschaften zu pro-organisationalem und kontraproduktivem Verhalten?
- Wie versuchen diese Personen andere zu beeinflussen und zu instrumentalisieren?
- Warum steigen sie schnell in Führungspositionen auf? Wie führen sie ihre Mitarbeiter und warum versagen sie als Manager?
- Wie verhalten sie sich im Umgang mit Kunden und wie schneiden sie in Verhandlungen ab?
- Wann geraten sie unter Stress und wie verhalten sie sich dann?

Was kann man tun?

Den Abschluss bildet Kapitel sieben, das einer Frage nachgeht, die trotz ihrer hohen praktischen Bedeutung zu selten näher betrachtet wird: Wie sollen Organisationen mit dem Problem umgehen? Können sie verhindern, dass Narzissten, Machiavellisten und Psychopathen in Führungspositionen gelangen, und wenn ja wie? Lassen sich Maßnahmen ergreifen, mit denen es gelingen kann, ihr destruktives Verhalten zu unterbinden? Wie sich zeigen wird, lässt sich hier allenfalls verhaltener Optimismus an den Tag legen, wenngleich sie – wie in zahlreichen anderen Handlungsfeldern der Organisationspsychologie auch – der Strategie einer „maximalen Übelminimierung" folgen. Wir betrachten dies zunächst aus drei Perspektiven: Personaldiagnostik, Personalentwicklung und Personalführung. Abschließend beschäftigen wir uns mit dem Einfluss der Situation und leiten daraus Handlungsempfehlungen für die Organisationsgestaltung ab.

Literatur

Küfner, A. C. P., Dufner, M., & Back, M. D. (2014). Das Dreckige Dutzend und die Niederträchtigen Neun: Kurzskalen zur Erfassung von Narzissmus, Machiavellismus und Psychopathie. *Diagnostica, 61*(2), 76–91.

LeBreton, J. M., Binning, J. F., & Adorno, A. J. (2006). Subclinical psychopaths. In J. C. Thomas & D. Segal (Hrsg.), *Comprehensive handbook of personality and psychopathology: Vol. 1. Personality and everyday functioning* (S. 388–411). New York, NY: Wiley.

Paulhus, D. L., & Williams, K. M. (2002). The dark triad of personality: Narcissism, Machiavellianism, and psychopathy. *Journal of Research in Personality, 36*(6), 556–563.

Die dunkle Triade der Persönlichkeit

K. Externbrink, M. Keil, *Narzissmus, Machiavellismus und Psychopathie in Organisationen*,
DOI 10.1007/978-3-658-17239-8_2

Zusammenfassung
In diesem Kapitel werden Narzissmus, Machiavellismus und subklinische Psychopathie als konstituierende Dimensionen der dunklen Triade zunächst separat vorgestellt. Im Zentrum stehen Ursprung und erstmalige Nennung in der (klinischen) Psychologie und Managementlehre sowie die mit diesen Eigenschaften assoziierten Verhaltenscharakteristika. Zum anderen gehen wir auf entwicklungspsychologische Überlegungen und biopsychologische Befunde zur Entstehung dieser Persönlichkeitszüge ein.

2.1 Narzissmus

Zusammenfassung
Narzissten leben mit einer Ambivalenz von Grandiosität und Minderwertigkeit. Ihr Verhalten wird also im Wesentlichen von einem fragilen Selbstwert bestimmt. Die Genese von Narzissmus lässt sich am besten mit Blick auf die frühkindliche Entwicklung beschreiben. In der westlichen Gesellschaft nehmen narzisstische Tendenzen zu.

Ursprung in der griechischen Mythologie

Narzissmus als Persönlichkeitseigenschaft verdankt ihren Namen der griechischen Mythologie. Das Vorbild ist die Sage vom Jüngling Narziss, der, nachdem er eine Nymphe abgewiesen hat, mit unendlicher Selbstliebe bestraft wird, an der er letztlich verzweifelt und zugrunde geht. Als er sich auf der spiegelnden Wasseroberfläche eines Sees erblickt, verliebt er sich in sein Spiegelbild und ertrinkt bei dem Versuch, sich selbst zu küssen.

Narzissmus als Persönlichkeitsmerkmal

In der Psychologie spricht man von Narzissmus, wenn das Verhalten einer Person durch eine übersteigerte, unrealistische Wahrnehmung ihrer eigenen Bedeutsamkeit geprägt ist (vgl. Brosi und Spörle 2012). Dies geht zumeist mit einer exzessiven Eitelkeit, Extravertiertheit und starken Bedürfnissen nach Macht, Status und Aufmerksamkeit einher. In ihrem Narcissictic Personality Inventory definieren Raskin und Terry (1988) die Komponenten Eitelkeit, Autoritätsanspruch, Überheblichkeit, Angeberei, Manipulationsneigung und Anspruchsdenken als zentrale Kennzeichen des Narzissmus.

Grandiosität vs. Minderwertigkeit

Die Kernkomponente bildet dabei ein überhöhter und gleichzeitig labiler Selbstwert. Häufig handelt es sich also um äußerlich zunächst charmant und souverän wirkende Personen mit hohen Karriereaspirationen (Bierhoff und Herner 2009). Innerlich sind Narzissten allerdings von dem überdauernden Wunsch geprägt, von anderen bewundert und so in ihrer Grandiosität bestätigt zu werden (Kernberg 1989; Kohut 1971). Ohne diese Bestätigung – oder gar im Falle von Kritik und Zurückweisung – reagieren Narzissten äußerst feindselig und abwertend. Es ist naheliegend, dass Narzissten sich aufgrund ihrer hohen Egozentrik nur wenig für die Belange anderer interessieren und sie allenfalls als Konkurrenten ansehen oder sie für eigene Zwecke ausnutzen.

Tab. 2.1 Items aus der deutschen Version des Narcissistic Personality Inventory (Collani 2012)

Dimensionen	Beispiel-Items
Autoritätsanspruch	• Ich halte mich selbst für einen guten Führer. • Ich erteile anderen gerne Anweisungen.
Überheblichkeit und Selbstgefälligkeit	• Ich werde einmal ein bedeutender Mensch werden. • Ich bin fähiger als andere Leute.
Überlegenheitsgefühl und Einzigartigkeit	• Ich wünschte, jemand würde eines Tages meine Biografie schreiben. • Ich weiß, dass ich gut bin, weil ich das immer wieder gesagt bekomme.
Angeberei	• Bescheidenheit passt nicht zu mir. • Ich neige dazu anzugeben, wenn sich mir Gelegenheit dafür bietet.
Manipulationsneigung und Ausbeutung	• Es fällt mir leicht, andere zu manipulieren. • Ich kann mich meistens aus allen unangenehmen Situationen herausreden.
Anspruchsdenken	• Ich werde niemals zufrieden sein, bevor ich nicht all das bekomme, was mir zusteht. • Wenn ich die Welt regieren würde, wäre sie ein viel angenehmerer Aufenthaltsort.

Deutsche Version des Narzissmusinventars

Tab. 2.1 zeigt Beispielitems aus der deutschen Version des Narcissistic Personality Inventory. In dieser Variante wurde allerdings die Komponente Eitelkeit nicht berücksichtigt, weil sie hauptsächlich die narzisstische Auseinandersetzung mit dem eigenen Aussehen thematisiert.

Entstehung in der frühkindlichen Entwicklung

Kohut (1971) sieht die Ursachen von Narzissmus in einer Störung der kindlichen Entwicklung. Er geht davon aus, dass jedes Kind zunächst gesunde Phasen des Grandiositätserlebens durchläuft, in denen es sich selbst und seine Bezugspersonen als etwas Besonderes wahrnimmt. Diese Phasen haben eine wichtige Funktion für die Entwicklung eines funktionalen Selbstwertgefühls. Im Falle einer erfolgreichen Entwicklung erfährt dieses idealisierte Bild eine Realitätsanpassung. Störungen dieser Entwicklung werden vor allem in der Interaktion mit den Eltern vermutet. Zeichnet sich diese durch übermäßige emotionale Kälte, Frustration und Vernachlässigung aus, oder aber durch die Idealisierung, Verwöhnung respektive fehlende Grenzziehung, so entsteht im Kind eine Ambivalenz zwischen Grandiosität und Minderwertigkeit, welche die Entwicklung eines gesunden, realistischen Selbstwerts erschwert.

Die narzisstische Gesellschaft

Narzissmus ist ein wichtiges Konstrukt für die klinische Diagnostik. Mittlerweile wird er aber häufig auch als subklinisches Phänomen verstanden, das von der narzisstischen Persönlichkeitsstörung abzugrenzen ist (Rhodewalt und Peterson 2009). Dies ist nicht zuletzt dem Umstand geschuldet, dass aktuell ein starker Anstieg der Narzissmuswerte in der westlichen Gesellschaft zu verzeichnen ist und die meisten Menschen ein gewisses Maß an Narzissmus besitzen (z. B. Twenge und Foster 2010). Dies wird zumeist darauf zurückgeführt, dass Werte wie Leistung, Einfluss und Wettbewerb – zumindest in der westlichen Gesellschaft – im Schnitt durchaus positiver besetzt sind als beispielsweise Perspektivübernahme, Mitgefühl oder Altruismus. Daher verwundert es auch nicht, dass Narzissmus in individualistischen Kulturen stärker ausgeprägt ist (z. B. Foster et al. 2003).

2.2 Machiavellismus

Zusammenfassung
Machiavellismus beschreibt eine zynische Sicht auf den Menschen, den Glauben an die Wirksamkeit manipulativer Taktiken und eine stark ausgeprägte Orientierung am persönlichen Nutzen.

Niccolo Machiavelli als historisches Vorbild

Das historische Vorbild für dieses Konstrukt findet sich in Machiavellis „Der Fürst" von 1513. Dabei handelt es sich um ein Handbuch für die Ergreifung und Erhaltung politischer Macht. Anstelle einer normativen, ethischen Auffassung von Führung positioniert sich Machiavelli als „Realpolitiker". Er ist der Meinung, dass politische Führer nicht vor dem Einsatz von rücksichtslosen, unmoralischen oder trügerischen Methoden zurückschrecken dürfen, wenn sie dadurch ihre Ziele erreichen und ihre Macht ausbauen können. Moralische Integrität sei dabei lediglich als Instrument zu verstehen, um die eigene Außenwirkung zu verbessern. Im Zentrum seines Werkes steht also das Motto „Der Zweck heiligt die Mittel".

Machiavellismus in der Organisationspsychologie

Christie und Geis (1970) haben diese Überlegungen in die Psychologie und Managementlehre überführt. Sie legten ihren Versuchspersonen Machiavelli-Zitate vor und erfragten ihre Zustimmung. Je stärker die Zustimmung ausfiel, desto emotional kälter, berechnender und manipulativer verhielten sich die Probanden in den darauffolgenden Laboruntersuchungen. Anschließend entwickelten sie einen Persönlichkeitsfragebogen für Führungskräfte, der auf Machiavellis Prinzipien basiert. Die machiavellistische Persönlichkeit wird dabei durch drei miteinander verbundene Werte definiert: erstens, den Glauben an die Wirksamkeit manipulativer Taktiken, zweitens, eine zynische Sicht auf die menschliche Natur, und drittens, die konsequente Orientierung an persönlicher Nutzenmaximierung als oberstem Prinzip.

Die Machiavellismus-Skala

▪ Tab. 2.2 zeigt einige Items aus der Machiavellismus-Skala von Henning und Six (1977). Das Instrument ist eine Weiterentwicklung der Arbeiten von Christie und Geis. Es wurde entwickelt, um die Anwendung interpersoneller Macht zu erklären. Die Skala trennt gut im unteren und mittleren Merkmalsbereich.

Damit lassen sich Machiavellisten als kühle Taktiker beschreiben, die notfalls auch ethisch fragwürdige Entscheidungen treffen und ihre Interessen auf Kosten anderer durchsetzen oder diese für ihre Zwecke instrumentalisieren, belügen und betrügen.

Tab. 2.2 Items aus der Machiavellismus-Skala von Henning und Six (1977)

Im Umgang mit Menschen ist es am besten, ihnen das zu sagen, was sie hören wollen.
Es ist nicht so wichtig, wie man gewinnt, sondern dass man gewinnt.
Bescheidenheit ist nicht nur unnützlich, sie ist sogar schädlich.
Jeder ist sich selbst der Nächste.
Um eine gute Idee durchzusetzen, ist es unwichtig, welche Mittel man anwendet.
Sicheres Auftreten ist mehr wert als Empfänglichkeit für Gefühle.
Man sollte nur dann den wahren Grund seiner Absichten zeigen, wenn es einem nützt.
Man kann ein Versprechen ruhig brechen, wenn es für einen selbst vorteilhaft ist.
Meistens ist es günstiger, seine wahren Absichten für sich zu behalten.
Wer einem anderen zum Aufstieg verhilft, richtet sich selbst zugrunde.

2.3 Psychopathie

Zusammenfassung
Psychopathie umfasst skrupellosen Egozentrismus, Furchtlosigkeit, Kaltherzigkeit, Impulsivität, Externalisierung von Schuld, sorgenfreie Planlosigkeit und Stressresistenz. Dies verbirgt sich hinter einer charismatischen Fassade.

Die schillernste und wohl auch unter Laienpsychologen bekannteste Komponente der dunklen Triade ist die Psychopathie. In Anlehnung an Hirigoyen (2002) kann man sie umgangssprachlich vielleicht am besten als die „Maske der Niedertracht" bezeichnen. Wie Narzissmus wird sie vorrangig in der klinischen Psychologie als schwere Persönlichkeitsstörung und als zentraler Prädiktor für delinquentes Verhalten beschrieben.

The Mask of Sanity

Eine der wegbereitenden Arbeiten hierzu stammt von Cleckley (1941). Sein Buch „The Mask of Sanity" hat die heutige Perspektive auf Psychopathie maßgeblich beeinflusst. Darin beschreibt er Interviews mit Insassen forensischer Einrichtungen, die nicht der damals vorherrschenden Vorstellung des typischen Kriminellen entsprachen: Obwohl diese Personen aus der Ober- oder Mittelschicht stammten und finanziell gut abgesichert waren, hatten sie extreme Straftaten begangen. Außerdem zeichneten sie sich durch eine ausgeprägte Manipulationsfähigkeit aus und konnten dabei auf den ersten Blick sehr charmant wirken und normal erscheinen. Daher wählte Cleckley das Bild einer Maske, hinter der sich eine schwere Persönlichkeitsstörung verbirgt.

Psychopathic Personality Inventory

In jüngeren Arbeiten wird dazu übergegangen, Psychopathie auch im Sinne einer subklinischen Eigenschaft zu betrachten, die in engem Zusammenhang mit ausgeprägtem antisozialen Verhalten und kriminellen Aktivitäten steht (Hare und Neumann, 2009). Dazu gehört das Psychopathic Personality Inventory von Lilienfeld und Andrews (1996), das acht psychopathische Persönlichkeitseigenschaften als Kernmerkmale der subklinischen Psychopathie erfasst: skrupelloser Egozentrismus, soziale Potenz, Furchtlosigkeit, Kaltherzigkeit, impulsive Normenkonformität, Externalisierung von Schuld, sorgenfreie Planlosigkeit und Stressresistenz. ◘ Tab. 2.3 zeigt einige Items des PPI. Während sich die deutsche Erstversion von Martín et al. (2008) noch in der Entwicklung befindet und aktuell nur auf relativ kleinen Stichproben basiert, entwickelten Alpers und Eisenbarth (2008) auf Basis der revidierten Fassung des PPI von Lilienfeld und Widows (2005) eine aktualisierte deutsche Version des Ursprungsinstruments, den deutschen PPI-R.

Demnach missachten Psychopathen soziale Normen, und fügen anderen Personen erheblichen Schaden zu, ohne dabei Furcht, Schuld oder Reue zu empfinden. Sie zeichnen sich weiter durch einen flachen Affekt aus, was nicht nur ein großes Bedürfnis nach Aufregung, sondern auch ein erhebliches Maß an Stressresistenz mit sich bringt. Sie haben eine geringe Aggressionsschwelle, sind sehr impulsiv und handeln selten überlegt oder langfristig orientiert. Dabei sind sie an der Oberfläche allerdings recht begabte Eindrucksmanager mit hohem manipulativem Geschick und erscheinen auf den ersten Blick durchaus sympathisch (vgl. O'Boyle, Forsyth, Banks und McDaniel 2012).

Produktive Psychopathie?

Gleichzeitig prädestiniert allerdings nicht jede dieser Eigenschaften ihren Träger automatisch für eine kriminelle Karriere. Vielmehr scheint hierbei die individuelle Kombination von Merkmalsausprägungen ausschlaggebend zu sein. Dutton (2012) vergleicht dies mit den Reglern eines Mischpults, die jeweils unterschiedlich stark aufgedreht sein können. Damit könnten bestimmte psychopathische Profile durchaus zuträglich für den Erfolg in unterschiedlichen beruflichen Anforderungssituationen sein. Man denke etwa an Soldaten, Chirurgen oder natürlich Top Manager.

Primäre vs. Sekundäre Psychopathie

Etwas spezifischer als die Ausführung von Dutton ist das Konzept von Lykken (1995), der primäre von sekundärer Psychopathie

◘ **Tab. 2.3** Dimensionen und Items im PPI (Lilienfeld und Andrews 1996)

Skala	Beispiel-Items
Machiavellian Egocentricity	I always look out for my own interests before worrying about those of the other guy.
Social Potency	Even when others are upset with me, I can usually win them over with my charm.
Fearlessness	Making a parachute jump would really frighten me. (–)
Coldheartedness	I often find myself worrying when a friend is having serious problems. (–)
Impulsive Nonconformity	I sometimes question authority figures just for the hell of it.
Blame Externalization	Some people seem to have gone out of their way to make life difficult for me.
Carefree Nonplanfullness	I often make same errors in judgement over and over again.
Stress Immunity	I can remain calm in situations that would make many other people panic.

unterscheidet. Während die primäre Psychopathie vor allem die furchtlose Dominanz einer Person umfasst (Stressresistenz, soziale Potenz, Furchtlosigkeit), sind für die sekundäre Psychopathie i.S. einer egozentrischen Impulsivität die beschreibenden Selbstkontrolldefizite zentral (machiavellistischer Egoismus, Impulsivität, Externalisierung von Schuld, sorglose Planlosigkeit) (Benning et al. 2003). Andere Autoren bezeichnen die primäre Psychopathie daher auch als eine emotional stabile Ausprägung, wahrend die sekundäre Psychopathie als vulnerabel und emotional instabil betrachtet wird (z. B. Hicks et al. 2004). Hier setzen Schütte und Blickle (2016) an und führen das Argument von Lykken weiter, dass primäre Psychopathen prinzipiell erfolgreich sozialisierbar sind. Ob Manager mit psychopathischen Zügen erfolgreich seien, werde also erstens von dem spezischen Subtypen der Psychopathie bestimmt und zweitens, ob eine erfolgreiche Sozialisation stattgefunden habe. Letztere ließe sich etwa an den sozialen Fertigkeiten einer Person oder am höchsten erreichten Bildungsabschluss erkennen. Auf diese Unterscheidung werden wir später an verschiedenen Stellen noch einmal zurückkommen.

Biologische Ursachen

Sucht man nach den Ursachen für Psychopathie, so sprechen nicht nur Studien mit klinischen, sondern auch mit subklinischen Stichproben für die Bedeutung neurobiologischer Faktoren (z. B. Blair 2007). Hier zeigen sich u. a. Beeinträchtigungen zweier Hirnregionen, die an Empathie und Selbstkontrolle beteiligt sind: die Amygdala und der präfrontale Kortex. Werden Psychopathen z. B. furchterregende oder leidvolle Bilder präsentiert, zeigen bildgebende Verfahren eine verringerte Reaktion der Amygdala. Sie können also weder die eigenen Gefühle, noch die Gefühle anderer richtig deuten oder kommunizieren. So unterstreicht auch die Untersuchung von Williamson et al. (1991) die Unfähigkeit von Psychopathen, gefühlsbetonte Worte zu verstehen und entsprechend zu reagieren. In eine ähnliche Richtung weisen Zwillingsstudien, die zum Ergebnis kommen, dass genetische Faktoren Psychopathie begünstigen können (z. B. Viding et al. 2005). In diesem Zusammenhang ist es auch wahrscheinlich, dass genetisch bedingtes antisoziales Verhalten im Kindesalter die Eltern-Kind-Interaktion negativ beeinflussen kann, sodass es zu Wechselwirkungen zwischen biologischen Faktoren und negativen Kindheitserfahrungen kommt.

Literatur

Alpers, G.W. & Eisenbarth, H. (2008). *Psychopathic Personality Inventory-Revised (PPI-R)*. Deutsche Version. Göttingen: Hogrefe.

Benning, S. D., Patrick, C. J., Hicks, B. M., Blonigen, D. M., & Krueger, R. F. (2003). Factor structure of the Psychopathic Personality Inventory: Validity and implications for clinical assessment. *Psychological Assessment, 15*, 340–350.

Bierhoff, H. W., & Herner, M. J. (2009). *Narzissmus – Die Wiederkehr*. Bern: Huber.

Blair, R. J. R. (2007). The amygdala and ventromedial prefrontal cortex in morality and psychopathy. *Trends in cognitive sciences, 11*(9), 387–392.

Brosi, P., & Spörrle, M. (2012). Die dunkle Seite der Führung: Negatives Führungsverhalten, dysfunktionale Persönlichkeitsmerkmale und situative Einflussfak-

toren. In S. Grote (Hrsg.), *Die Zukunft der Führung* (269–290). Berlin Heidelberg: Springer.
Christie, R., & Geis, F.L. (1970). *Studies in Machiavellianism*. New York: Academic Press.
Cleckley, H. (1941). *The mask of sanity; an attempt to reinterpret the so-called psychopathic personality*. Oxford: Mosby.
Collani, G. (2012). Modifizierte deutsche Versionen des Narcissistic Personality Inventory (NIP-d). In A. Glöckner-Rist (Hrsg.), *Zusammenstellung sozialwissenschaftlicher Items und Skalen. Version 15.00*. Bonn: GESIS.
Dutton, K. (2012). *The wisdom of psychopaths: What saints, spies, and serial killers can teach us about success*. London: Macmillan.
Foster, J. D., Campbell, W. K., & Twenge, J. M. (2003). Individual differences in narcissism: Inflated self-views across the lifespan and around the world. *Journal of Research in Personality, 37*(6), 469–486.
Hare, R. D., & Neumann, C. S. (2009). Psychopathy: Assessment and forensic implications. *Canadian Journal of Psychiatry, 54*, 791– 802.
Henning, H., & Six, B. (1977). Konstruktion einer Machiavellismus-Skala. *Zeitschrift für Sozialpsychologie, 8*, 185–198.
Hicks, B. M., Markon, K. E., Patrick, C. J., Krueger, R. F., & Newman, J. P. (2004). Identifying psychopathy subtypes on the basis of personality structure. *Psychological assessment, 16*(3), 276.
Hirigoyen, M. F. (2002). *Die Masken der Niedertracht. Seelische Gewalt im Alltag und wie man sich dagegen wehren kann*. München: dtv.
Kernberg, O. F. (1989). An ego psychology object relations theory of the structure and treatment of pathologic narcissism: An overview. *Psychiatric Clinics of North America, 12*, 723–729.
Kohut, H. (1971). *Narzißmus. Eine Theorie der Behandlung narzißstischer Persönlichkeitsstörungen*. Frankfurt a.M.: Suhrkamp.
Lilienfeld, S. O., & Andrews, B. P. (1996). Development and preliminary validation of a self-report measure of psychopathic personality traits in noncriminal population. *Journal of personality assessment, 66*(3), 488–524.
Lilienfeld, S.O. & Widows, M.R. (2005). *Psychopathic Personality Inventory Revised (PPI-R). Professional Manual. Lutz*, Florida: Psychological Assessment Resources.
Lykken, D. T. (1995). *The antisocial personalities*. Abingdon: Psychology Press.
Martín, B. A., Halder-Sinn, P., Funsch, K., & Rindfleisch, H. (2008). Die deutsche Version des „Psychopathic Personality Inventory"(PPI). *Diagnostica, 54*(1), 16–29.
O'Boyle Jr, E. H., Forsyth, D. R., Banks, G. C., & McDaniel, M. A. (2012). A meta-analysis of the dark triad and work behavior: A social exchange perspective. *Journal of Applied Psychology, 97* (3), 557.
Raskin, R., & Terry, H. (1988). A principal components analysis of the Narcissistic Personality Inventory and further evidence of its construct validity. *Journal of Personality and Social Psychology, 54*(5), 890–902.
Rhodewalt, F., & Peterson, P. (2009). Narcissism. In M. R. Leary & R. H. Hoyle (Eds.), *Handbook of individual differences in social behavior* (547–560). New York, NY: Guilford Press.
Schütte, N. & Blickle, G. (2016). Psychopathie am Arbeitsplatz – eine mehrdimensionale Analyse. *Wirtschaftspsychologie aktuell 2/2016*, 9–12.
Twenge, J. M., & Foster, J. D. (2010). Birth cohort increases in narcissistic personality traits among American college students, 1982–2009. *Social Psychological and Personality Science, 1*(1), 99–106.
Viding, E., Blair, R. J. R., Moffitt, T. E., & Plomin, R. (2005). Evidence for substantial genetic risk for psychopathy in 7-year-olds. *Journal of Child Psychology and Psychiatry, 46*(6), 592–597.
Williamson, S., Harpur, T. J., & Hare, R. D. (1991). Abnormal processing of affective words by psychopaths. *Psychophysiology, 28*(3), 260–273.

Zusammenhänge mit anderen Persönlichkeitseigenschaften

K. Externbrink, M. Keil, *Narzissmus, Machiavellismus und Psychopathie in Organisationen*,
DOI 10.1007/978-3-658-17239-8_3

Zusammenfassung

Alle Aspekte der dunklen Triade hängen negativ mit Verträglichkeit zusammen. Bei anderen Big Five Dimensionen sind die Befunde unterschiedlich. Gängige Hypothesen zum Zusammenhang mit Intelligenz können aktuell nicht bestätigt werden.

Big Five der Persönlichkeit

Um die Komponenten der dunklen Triade besser einordnen zu können, eignet sich auch eine Betrachtung der Zusammenhänge mit anderen Persönlichkeitsmerkmalen. Naheliegend ist hier die Untersuchung der Korrelationen mit dem Fünf-Faktoren-Modell der Persönlichkeit (McCrae und Costa 1991), das Extraversion, Verträglichkeit, Gewissenhaftigkeit, Neurotizismus und Offenheit für Erfahrungen abdeckt. So zeigt sich im Review von Furnham et al. (2014), dass konsistent über 14 empirische Arbeiten hinweg alle Komponenten der dunklen Triade negativ mit Verträglichkeit korrelieren. Denn hilfsbereites, mitfühlendes und verständnisvolles Verhalten ist Personen mit dunklen Persönlichkeitseigenschaften ebenso fremd wie Nachgiebigkeit oder das Streben nach Harmonie. Die geringe Verträglichkeit bildet also einen gemeinsamen antisozialen Kern, den alle Komponenten der dunklen Triade teilen (Paulhus und Williams 2002). Die Tendenz von Narzissten, die Aufmerksamkeit anderer für sich zu beanspruchen, zeigt sich in der positiven Korrelation mit Extraversion. Zuverlässigkeit, Selbstdisziplin und Pflichtbewusstsein als Facetten von Gewissenhaftigkeit sind insbesondere untypisch für das impulsive Verhalten von Psychopathen. Dementsprechend zeigt sich hier auch eine negative Korrelation. Für Neurotizismus und Offenheit für Erfahrungen gibt es sehr uneinheitliche Befunde, deren Aufklärung wahrscheinlich noch weiterer Forschung bedarf. ◘ Tab. 3.1 zeigt die Korrelationskoeffizienten in einer Studie von Williams et al. (2010).

HEXACO-Modell

Wird anstelle des Fünf-Faktoren-Modells das HEXACO-Modell mit sechs Persönlichkeitsfaktoren untersucht, zeigt sich, dass Personen mit hohen Werten auf der dunklen Triade besonders niedrige Werte auf der Ehrlichkeits-Bescheidenheits-Dimension erzielen (Lee und Ashton 2005).

Intelligenz

Immer wieder wird auch die Frage diskutiert, wie die dunkle Triade mit Intelligenz zusammenhängt. Daher haben O'Boyle et al. (2013) eine Metaanalyse über 48 unabhängige Studien zum Zusammenhang zwischen allgemeiner kognitiver Leistungsfähigkeit mit Narzissmus, Machiavellismus und Psychopathie durchgeführt. Hierbei zeigten sich für keines der drei Merkmale konsistente Zusammenhänge mit Intelligenz, sodass weder die „evil genius"-Hypothese (hochintelligente Personen mit antisozialer Persönlichkeit), noch die Kompensationshypothese (weniger intelligente Personen kompensieren ihren Nachteil durch manipulatives Verhalten) bestätigt werden konnte.

Emotionale Intelligenz

Intuitiv ergibt sich auch die Frage nach dem Zusammenhang der dunklen Triade mit emotionaler Intelligenz. Dieses vor allem durch zahlreiche populärwissenschaftliche Publikationen bekannt gewordene Konstrukt umfasst kurz und knapp die Fähigkeit, die eigenen

Tab. 3.1 Korrelation zwischen den Big Five und der dunklen Triade (Williams et al. 2010)

Big-Five-Dimensionen	Narzissmus	Machiavellismus	Psychopathie
Verträglichkeit hilfsbereit, mitfühlend und verständnisvoll, hohe Nachgiebigkeit, starkes Harmoniebedürfnis.	–.29	–.50	–.48
Extraversion gesellig, aktiv, energisch und gesprächig. Kontaktsuche und Einfluss auf andere.	.48	–.09	.18
Gewissenhaftigkeit ordentlich, zuverlässig, diszipliniert, ehrgeizig und systematisch arbeitend.	.12	–.36	–.33
Neurotizismus nervös, ängstlich und unsicher. Schwierigkeiten, situationsangemessen zu handeln.	.24	–.09	.19
Offenheit für Erfahrungen wissbegierig, fantasievoll, Suche nach Abwechslung und neuen Erfahrungen.	.23	–.01	.08

Emotionen und die Emotionen anderer zu erkennen und zielgerichtet zu verändern (z.B. Goleman 1996).

Was die wissenschaftliche Auseinandersetzung mit emotionaler Intelligenz (EI) angeht, muss man zunächst vorausschicken, dass es unterschiedliche Meinungen dazu gibt, ob es sich dabei tatsächlich um eine Fähigkeit handelt, die mit Leistungstests gemessen werden kann (Performance EI), oder eher um eine Persönlichkeitseigenschaft (Trait EI), die durch Fragebogen erfasst wird (vgl. Zeidner et al. 2009). Bis dato existieren beide Forschungsstränge.

Während der Perspektive der positiven Psychologie folgend emotionale Intelligenz vorrangig mit positiven Konsequenzen für soziale Interaktionen assoziiert sein sollte, lässt sich dennoch der Frage nachgehen, ob emotionale Intelligenz nicht auch an negative Konsequenzen gekoppelt sein kann. So argumentieren Austin et al. (2007), dass Personen von ihrer Fähigkeit Gebrauch machen können, die Emotionen anderer zu lesen und zu beeinflussen, um sie emotional zu manipulieren. Damit verweisen sie auf eine potentielle Korrelation zwischen Machiavellismus und emotionaler Intelligenz. Mit Blick auf Trait EI spricht allerdings die oben bereits genannte, negative Korrelation mit Verträglichkeit eher gegen diese Hypothese.

Um weitere Klarheit darüber zu gewinnen, führten die Autoren eine Korrelationsstudie durch, in der sie Machiavellismus sowohl in Beziehung zu Trait EI (gemessen mit dem Emotional Quotient Inventory; Bar-On 2002), als auch zu Performance EI (operationalisiert über den MSCEIT; Mayer et al. 2002) setzten. Im Ergebnis zeigte sich ein negativer Zusammenhang mit emotionaler Intelligenz, unabhängig von der Messmethode. Dabei machen die Autoren allerdings eine wichtige Bemerkung, denn beide Messinstrumente enthalten keine explizite Komponente der emotionalen Manipulation.

Fortfolgend entwickelten sie also eine eigene Skala zur Messung dieses bisher nicht durch die etablierten Instrumente abgedeckten Aspekts. Ein Beispielitem dazu lautet etwa: „I know how to embarrass someone to stop them behaving in a particular way". In der Folgestudie zeigte sich für diese Skala dann eine positive Korrelation mit Machiavellismus, aber kein Zusammenhang mit emotionaler Intelligenz. Daraus folgern die Autoren, dass Machiavellisten durchaus emotionale Manipulationsversuche unternehmen, aber angesichts ihrer geringeren emotionalen Intelligenz wahrscheinlich nicht erfolgreich damit sein werden. Letztendlich kann auch durch eine Skala zur emotionalen Manipulation lediglich die Befürwortung oder die kognitive Repräsentanz manipulativer Taktiken ermittelt werden.

Literatur

Austin, E. J., Farrelly, D., Black, C., & Moore, H. (2007). Emotional intelligence, Machiavellianism and emotional manipulation: Does EI have a dark side? *Personality and Individual Differences, 43*, 179–189.

Bar-On, R. (2002). *Bar-On EQ-i:S technical manual*. Toronto: multi-health systems.

Furnham, A., Richards, S., Rangel, L. & Jones, D. N. (2014). Measuring malevolence: Quantitative issues surrounding the Dark Triad of personality. *Personality and individual differences, 67*, 114–121.

Goleman, D. (1996). Emotional Intelligence. Why it can matter more than IQ. *Learning, 24*(6), 49–50.

Lee, K. & Ashton, M. C. (2005). Psychopathy, Machiavellianism, and narcissism in the FiveFactor Model and the HEXACO model of personality structure. *Personality and Individual Differences, 38*(7), 1571–1582.

Mayer, J. D., Salovey, P., & Caruso, D. R. (2002). *MSCEIT user's manual*. Toronto: multi-health systems.

McCrae, R. R., & Costa, P. T. (1991). The NEO Personality Inventory: Using the fivefactor model in counseling. *Journal of Counseling & Development, 69*(4), 367–372.

O'Boyle, E. H., Forsyth, D., Banks, G. C., & Story, P. A. (2013). A meta-analytic review of the Dark Triad–intelligence connection. *Journal of Research in Personality, 47*(6), 789–794.

Paulhus, D. L., & Williams, K. M. (2002). The dark triad of personality: Narcissism, Machiavellianism, and psychopathy. *Journal of Research in Personality, 36*(6), 556–563.

Williams, K. M., Nathanson, C., & Paulhus, D. L. (2010). Identifying and profiling scholastic cheaters: Their personality, cognitive ability, and motivation. *Journal of Experimental Psychology: Applied, 16*(3), 293–307.

Zeidner, M., Matthews, G., & Roberts, R. D. (2009). *What we know about emotional intelligence*. London: A Bradford Book.

Geschlechterunterschiede

K. Externbrink, M. Keil, *Narzissmus, Machiavellismus und Psychopathie in Organisationen*,
DOI 10.1007/978-3-658-17239-8_4

Zusammenfassung
Männer und Frauen unterscheiden sich signifikant in den Dimensionen der dunklen Triade Narzissmus, Machiavellismus und Psychopathie. Dagegen zeichnen die Geschlechterunterschiede auf Facettenebene des Modells ein differenzierteres Bild und sind weniger eindeutig. Beobachtbare Unterschiede bei negativen zwischenmenschlichen Verhaltensweisen sowie der Wahl der Berufsrolle und Gruppe können anhand von sozioökologischen und biosozialen Ansätzen zur sozialen Rollentheorie erläutert werden.

Typisch Mann – Typisch Frau?

Betrachtet man Geschlechterunterschiede im Kontext der dunklen Triade, sieht man sich über kurz oder lang mit der Frage nach „typisch" männlichen und weiblichen Eigenschaften konfrontiert. Um diesem Problem sinnvoll zu begegnen, stellen wir im folgenden Kapitel Befunde zu Eigenschaften und assoziierten Verhaltensweisen sowie mögliche Gründe für unterschiedliche Ausprägungen zwischen den Geschlechtern vor.

Mrs. Jekyll und Dr. Hyde?

Über die vergangenen Jahre konnte insbesondere in den Hauptdimensionen der dunklen Triade und weitestgehend unabhängig vom verwendeten Testinstrument gezeigt werden, dass Männer stärkere narzisstische, machiavellistische und psychopathische Tendenzen aufweisen als Frauen (z. B. O'Boyle et al. 2012; Jonason et al. 2009; Jonason und Tost 2010). Seitdem sich die jüngere Forschung vermehrt mit den aus der dunklen Triade resultierenden Verhaltenssymptomatiken beschäftigt, lässt sich dieser Trend auch dort beobachten.

▪ Unterschiede auf Kriteriumsebene

Betrug und Irreführung

So untersuchten an der Adler Graduate Professional School in Toronto Nicole Azizli und Kollegen (2016) in Zusammenarbeit mit der University of Western Ontario den Zusammenhang der dunklen Triade mit der Tendenz zu Betrug und Irreführung bei hochsensiblen Angelegenheiten. Dies bedeutet, dass bei Entdeckung der versuchten Täuschung der Lügner im Gegensatz zu Alltags- oder vorsichtigen Notlügen einen erheblichen Verlust erleiden könnte. Während auch diese Forschergruppe das durchschnittlich erhöhte Scoring von Männern gegenüber Frauen in allen Dimensionen der dunklen Triade replizieren konnte, konnten darüber hinaus signifikante Unterschiede zwischen Männern und Frauen in den Bereichen Schikane, kontinuierliches Fehlverhalten, geringere Straftaten und genereller Neigung zu Betrug gezeigt werden. Insgesamt wiesen dabei Männer signifikant stärkere Tendenzen als Frauen in allen genannten Bereichen auf.

Lügen

„Das Lügen und das Dichten sind Künste." Dieses Zitat von Oscar Wilde deutet an, dass zu einem erfolgreichen Lügner mehr gehört, als nur die reine Absicht, die Unwahrheit zu erzählen. Während die Tendenzen strategischen Handelns zum eigenen Vorteil derer, die dunkle Persönlichkeitseigenschaften aufweisen, bereits erläutert wurden (Jonason et al. 2012), zeigten Jonason und Kollegen (2014) in einer jüngeren Studie, dass sowohl die Tendenz zu Lügen als auch die

Selbsteinschätzung über die Fähigkeit zu lügen durch das Geschlecht moderiert werden. So tendieren starke Machiavellistinnen eher zum Lügen ohne erkennbaren Grund, während hoch ausgeprägte Psychopathinnen sich eher die Fähigkeit zu lügen, ohne entdeckt zu werden, zuschreiben. Darüber hinaus tritt Psychopathie als Mediator zwischen Geschlecht und der selbstbewerteten Fähigkeit, lügen zu können, auf und mediiert in ihrer hohen Ausprägung bei Männern den Geschlechterunterschied in dieser Fähigkeit vollständig.

Lügen als Teil von Abusive Supervision

Insbesondere vor dem Hintergrund der Abusive Supervision Forschung (z. B. Henle et al. 2008), nach der assoziierte Führungssituationen am Arbeitsplatz auch durch das Belügen von Mitarbeitern gekennzeichnet sein können (Tepper et al. 2008), werden derartige Hinweise bedeutsam. So gibt der Hang zur Unwahrheit nicht nur Aufschluss über die interpersonelle Beziehungsqualität im Privatrahmen, sondern ist als Teil dysfunktionaler Führungsstile außerdem Risikofaktor für das Entstehen psychologischen Stresses von Mitarbeitern (Yagil 2006), schädigendem Arbeitsverhalten (Tepper et al. 2008) und verringert zudem die Arbeitszufriedenheit (Tepper et al. 2004) sowie außerordentliches Engagement am Arbeitsplatz (Zellars et al. 2002).

▪ Frauen in Führungspositionen

Ein ebenfalls im Führungskontext häufig diskutierter Umstand ist die Frage nach den Ursachen für die weit auseinanderliegenden prozentualen Anteile von Männern und Frauen in Führungspositionen. Im Jahr 2014 betrug der Anteil von Frauen in Vorständen des DAX-, MDAX-, SDAX- und TecDAX 6 % (Mai et al. 2016). Während die bislang dargestellten Ergebnisse in den vorherigen Kapiteln bereits einen Hinweis auf mögliche Gründe geben, erweitern Mai, Büttgen und Schwarzinger den Betrachtungswinkel und konstatieren, dass neben einem durch die Frauen erlernten und aufrechterhaltenem Rollenbild diese auch konsequent mit Vorurteilen während ihrer Karriere konfrontiert werden. Prominent dabei sind Aspekte wie Aversivität und Streitsucht, die mangelnde Fähigkeit, Ratio von Emotio zu trennen, mangelnde Krisenresistenz und Schwäche in Verhandlungen sowie erhöhte Stressreaktivität. Dabei befinden sich Frauen in einer Zwickmühle, einem sog. Backlash-Effekt (Rudman 1998; Heilman und Wallen 2010): zeigen sie nicht die vermeintlich geforderten „männlichen“ Eigenschaften wie z. B. Durchsetzungsvermögen, Dominanz und Selbstbewusstsein, entsprechen sie dem führungsaversiven Stereotyp. Die grundsätzliche Tendenz von Frauen, sich eher sozial erwünscht zu verhalten (Kowalski et al. 2016), erschwert die Promotion in eine Führungsposition zusätzlich. Verhalten sie sich jedoch „typisch männlich“, wirkt ihr Verhalten maskulin, künstlich und entspricht nicht der rollenkonformen Erwartungshaltung an Frauen des Gesprächspartners. Bei der von Mai et al. (2016) durchgeführten Studie mit 300 Führungskräften deutscher Unternehmen konnte erstaunlicherweise festgestellt werden, dass die bislang in der Literatur manifestierten Geschlechterunterschiede in der gezogenen Stichprobe mindestens egalisiert wurden.

Wettbewerb

So zeigten Frauen nicht nur dieselben Ausprägungen in den dunklen Persönlichkeitseigenschaften wie ihre männlichen Kollegen, sondern auch eine signifikant geringere Ausprägung im Bereich Verträglichkeit und ein somit höheres Wettbewerbsdenken und Verhalten als ihre männlichen Pendants. Dies ist umso bemerkenswerter, da bisherige Erkenntnisse bei Nicht-Führungskräften darauf hinweisen, dass Frauen weniger wettbewerbsorientiert seien, obwohl ausgeprägter Machiavellismus und ausgeprägte Psychopathie den Wettbewerbsgedanken im Arbeitskontext aufgrund potentieller persönlicher Nutzengewinne fördern (Jonason et al. 2010; Jonason et al. 2014).

Grandioser vs. vulnerabler Narzissmus

Ein ähnliches Phänomen ist beim Narzissmus zu beobachten, da neben dem primär mit Grandiositätserleben verknüpften Konstrukt auch Ansätze existieren, die den sogenannten vulnerablen Narzissmus, eine Form assoziiert mit geringem Selbstwertgefühl, Neurotizismus und Introversion, berücksichtigen (Wink 1991; Cain et al. 2008). Grijalva und Kollegen (2014) gingen in ihrer Metaanalyse vorhandener Untersuchungen zu Narzissmus daher der Frage nach, ob der Unterschied zwischen Männern und Frauen speziell beim Narzissmus auch auf Facettenebene Bestand hat und inkludierten daher Studien, die einerseits Narzissmusfacetten des NPI (z. B. Ackerman 2011) und andererseits Instrumente und Subskalen von Instrumenten wie die des PNI (Pathological Narcissism Inventory; Pincus et al. 2009) beinhalteten, um beiden Narzissmusversionen Rechnung zu tragen.

▪ Der biosoziale Ansatz zur sozialen Rollentheorie

Grundlage für ihr Vorgehen bildete dabei eine biosoziale Interpretation der sozialen Rollentheorie, deren Kern dabei hilft, Geschlechterunterschiede zu verstehen (Eagly und Wood 1999) und dabei besonderen Wert auf die Betrachtung von Geschlechterstereotypen legt. So entwickeln sich laut der Theorie Geschlechterrollen spontan bei der Wahrnehmung unterschiedlicher Verhaltensweisen von Männern und Frauen.

Korrespondenzverzerrung

Diese Wahrnehmung wird anschließend auf vermeintlich dahinterliegende Persönlichkeitseigenschaften attribuiert, d. h. sie unterliegt einer Korrespondenzverzerrung (Ross 1977). So werden Frauen, die häufiger dabei beobachtet werden, wie sie sich um die Pflege von Kindern kümmern und so die Erwartung erzeugen, generell Frauen häufiger in dieser Art von Situation beobachten zu können, für fürsorglicher gehalten als Männer.

Grijalva et al. (2015) stützen sich bei ihrer Metaanalyse auf das biosocial construction model (Wood und Eagly 2012), dass den Grund für eine wahrgenommene Geschlechterunterschiedlichkeit im Arbeitskontext in geschlechtsspezifischen Anpassungsstrategien vermutet.

Internalisierte Stereotype

Diese sorgen ihrerseits für die Bildung und Verfestigung von Geschlechterstereotypen und Identitäten bei und von Männern und Frauen auf kognitiver und Verhaltensebene. In der Folge resultieren individuelle Sozialisationsstrategien der Geschlechter in spezifische soziale Rollenbilder, was die wahrgenommene Geschlechtertrennung auch aufgrund wachsender spezifischer sozialer Erwartungen als eine Art selbsterfüllender Prophezeiung (Rosenthal und Rubin 1978) an die Geschlechter weiter verstärkt, die wiederum aufgrund gebildeter und angenommener sozialer Identitäten konformes Verhalten zeigen.

Handlungs- vs. Beziehungsorientierung

Bezugnehmend auf Ember (1978) kategorisieren Grijalva et al. (2015) existierende Geschlechterstereotype in die Kategorien agentic/ handlungsorientiert (Dominanzverhalten, Durchsetzungsvermögen, ambitionierte Zielsetzungen) und communal/ beziehungsorientiert (Fürsorge, Freundlichkeit, Altruismus). Aufgrund unterschiedlicher Fortpflanzungsstrategien werden Frauen eher beziehungsorientierte, Männern eher handlungsorientierte Verhaltensweisen zugerechnet. Vor dem Hintergrund der bis hierhin dargestellten, typisch narzisstischen Verhaltensweisen (s. ► Abschn. 2.1) ist die Annahme daher nicht überraschend, dass Narzissmus positiv mit Handlungsorientierung und negativ mit Beziehungsorientierung korreliert, da der Narzisst das persönliche Fortkommen dem reziproken Miteinander vorzieht (Foster und Brennan 2011). So kann einerseits über den biosozialen Ansatz die höhere Ausprägung von Narzissmus bei Männern vorhergesagt werden und liefert darüber hinaus eine zusätzliche Erklärung für den im Punkt Frauen in Führungspositionen erläuterten Backlash-Effekt, welcher besagt, dass Abweichung von sozialen Stereotypen Bestrafung in Form von abnehmendem sozialen Status zur Folge hat (Rudman et al. 2012). Das bedeutet, dass Frauen, welche zu narzisstischem Verhalten neigen, tendenziell eine schwerere soziale Abwertung befürchten müssten als Männer. So werden weibliche narzisstische Führungskräfte als signifikant ineffektiver durch ihre männlichen Untergebenen eingeschätzt als ihre männlichen Pendants (De Hoogh et al. 2015).

Aktuelle Metaanalyse

So ermittelten Grijalva et al. (2015), dass Männer insbesondere in den Facetten von Narzissmus stabil die Werte von Frauen übertreffen, in denen es um ausbeuterische Verhaltensweisen und eine überzogene Anspruchshaltung sowie den Glauben ginge, Menschen führen und ihnen vorangestellt sein zu müssen. In den Facetten, die die überzogene Selbstdarstellung und Überheblichkeit des Narzissten lenken, wurden erheblich geringere Unterschiede zwischen den Geschlechtern gefunden. Im Gegensatz dazu unterschieden sich auf Seiten des vulnerablen Narzissmus Männer und Frauen nicht. Die dargestellten Unterschiede zwischen den Geschlechtern führen Grijalva und Kollegen wie anhand des biosocial approach erläutert auf über die Zeit internalisierte Rollenmodelle und Erwartungen zurück, welche durch eine Arbeitswelt forciert werden, in der die Wahrscheinlichkeit der Zurechnung von Führungsrollen an Männer höher ist, die wiederum durch ihre ihnen immanente höhere Ressourcenerwartung an den Arbeitskontext dazu beitragen, das Ressourcenungleichgewicht, z. B. in Form von Gehalt, zu erhalten. Erkenntnisse von Buss und Duntley (2008), nach denen Männer stärker von sozialer Ausbeutung profitieren als Frauen, unterstützen diesen Ansatz.

Typologie: Alpha-Frau

Mai, Büttgen und Schwarzinger leiten daraus eine biologisch fundierte Typologie für die „Alpha-Frau“ ab, betonen jedoch auch, dass die scheinbare Notwendigkeit der Übererfüllung männlicher Standards für die Zugänglichkeit zu Führungspositionen durch Frauen hinterfragt werden sollte, insbesondere aufgrund bekannter Risiken für das soziale Umfeld und die Gesundheit, wie verringerte soziale Ressourcen, subjektiv abnehmendes Zufriedenheits- und Gesundheitsgefühl, Unruhe und verringerte Lebenserwartung (u. a. Jonason et al. 2015; Boddy 2014; Kiazad et al. 2010, Lilienfeld und Hess 2001).

Berufswahl

Einen substantiellen Erklärungsbeitrag können die Eigenschaften der dunklen Triade auch hinsichtlich der Berufswahl und den damit assoziierten Berufsinteressen leisten. So scheint es, dass Narzissten Berufe bevorzugen, die dem künstlerischen Spektrum zuzurechnen sind, die unternehmerisches Handeln erfordern oder den sozialen Berufen zugerechnet werden können und dagegen konventionelle Berufe aktiv meiden. Vor dem Hintergrund der Überlegung, dass Menschen aufgrund ihrer Persönlichkeitseigenschaften ihre soziale Umwelt, die Berufswahl eingeschlossen, individuell strukturieren, begründen dies Jonason et al. (2014) mit Möglichkeiten, in den genannten Berufen zu Renommee durch Selbstdarstellung, z. B. aufgrund von Bewunderung durch Hilfestellung, zu gelangen. Machiavellisten dagegen meiden soziale Berufe, da diese tendenziell seltener mit Status verknüpft sind, während Psychopathen vermehrt Interesse an Berufen zeigen, in denen das Ergebnis schnell sichtbar wird, wie z. B. Handwerksberufe oder Berufe mit kurzfristigen Zielstellungen. Diese Berufe unterliegen bei der Arbeitsausführung nur geringer Beobachtung und es bedarf geringeren sozialen Austauschs, um sein Verrichtungsziel zu erreichen. Darüber hinaus zeigt sich, dass Männer ein im Verhältnis zu Frauen höheres Interesse an praktischen Arbeitstätigkeiten haben. Frauen weisen hingegen ein erhöhtes Interesse an künstlerischen und sozialen Berufen auf. Von besonderem Interesse dabei ist, dass die Geschlechterunterschiede scheinbar von der jeweiligen Ausprägung der dunklen Triade – Eigenschaften abhängig sind. Auf das Thema der Berufswahl und Karrierpräferenzen gehen wir in ▶ Abschn. 6.1 noch einmal gesondert ein.

- **Unterschiede auf Dimensionsebene**

Neben den über die Jahre konsistent replizierten Ergebnissen zu höheren Werten von männlichen Probanden in allen Dimensionen der dunklen Triade gegenüber Frauen (Paulhus und Williams 2002; O'Boyle et al. 2012; Jonason et al. 2009; Jonason und Tost 2010), ist ein Trend hin zu Untersuchung dunkler Persönlichkeitseigenschaften auf Facettenebene zu beobachten (u. a. Cohen 2016; Furnham et al. 2014).

Facetteneriche Unterschiede

So zeigen Furnham, Hyde und Trickey in einer Studie mit über 5000 britischen Probanden anhand des Hogan Development Survey (HDS; Hogan und Hogan 1997) nicht nur signifikante Unterschiede zwischen Mitarbeitern des öffentlichen und privaten Sektors, sondern auch, dass Geschlechterunterschiede in den dunklen Persönlichkeitseigenschaften differenzierter betrachtet werden können als bisher angenommen. Ursprünglich abgeleitet von im Diagnostic and Statistical

Manual of Mental Disorders (DSM-IV) erfassten Persönlichkeitsstörungen, testet der HDS dysfunktionale Faktoren, die mit den Eigenschaften der dunklen Triade in Verbindung gebracht werden können. In der zugrundeliegenden Studie zeigen Furnham und Kollegen (2014), dass Männer eher zu unkommunikativem Verhalten mit Desinteresse an den Gefühlen anderer, Überheblichkeit, überausgeprägtem Risikoverhalten, ausbeuterischer Manipulationsneigung und dramatischen Auftritten tendieren. Frauen hingegen zeigen häufiger Launenhaftigkeit und kurzlebigen Enthusiasmus, vermeiden Risikosituationen und scheuen Bewertung sowie das Vertreten oppositioneller Meinungen gegen Mehrheiten. Dies passt zu Erkenntnissen von Furnham und Trickey aus dem Jahr 2011, in denen gezeigt werden konnte, dass Männer im Gegensatz zu Frauen seltener zu Verhaltensweisen neigen, die mit der vermeidenden Persönlichkeitsstörung assoziiert sind. Sie zeigen daher seltener Überempfindlichkeit für Kritik und soziale Hemmung, im Gegensatz zu eher schizoiden, d. h. emotional kalten und egalitären Empfindungen und Verhaltensweisen sowie einen höheren Hang als Frauen zu Impulsivität, mangelnder sozialer Konformität und Ehrlichkeit im Allgemeinen.

Weibliche(re) Psychopathen?

Das Phänomen der konsistent höheren männlichen Scores in den meisten der zeitgenössischen Studien, die die dunkle Triade untersuchen, wirft die Frage nach einer korrekten theoretischen Fundierung des Konzeptes auf. Mit Blick auf die bis hierhin dargestellten Erkenntnisse zu Geschlechterunterschiede ist es zwar durchaus denkbar, dass grundsätzliche Unterschiede zwischen Männern und Frauen bestehen, es existieren darüber hinaus jedoch durchaus Hinweise für weibliche Formen der betrachteten Konstrukte, insbesondere im Hinblick auf die Psychopathie (Falkenbach et al. 2008; Forouzan und Cooke, 2005). So fassen Wynn et al. (2012) zusammen, dass Frauen im klinisch-psychopathischen Kontext eher als Männer zu Labilität, verbaler Gewalt und Beeinflussung sozialer Netzwerke neigen als Männer, während sie seltener kriminell werden und zu offener Gewalt neigen, um ihre Ziele zu erreichen.

La femme fatale

Hinsichtlich der Manipulationsneigung von Psychopathen scheinen weibliche Betroffene eher zum Flirten zu neigen als Männer, die ihrerseits eher betrügen. Darüber hinaus zeigen Psychopathinnen stärkere histrionische, d. h. theatralische selbstdarstellende Verhaltensweisen mit Mittelpunktsbedürfnis und schnell wechselnden Affekten und verführen andere eher zu kriminellem Verhalten als Männer. Darüber hinaus gibt es Hinweise für ein abweichendes Aggressionsverhalten zwischen den Geschlechtern. So zeigen Frauen Aggression tendenziell eher in intimen und familiären Situationen, während es Männer eher in die Öffentlichkeit zieht (Forouzan und Cooke 2005; Kreis und Cooke 2011; Coid und Roberts 2007). Auch scheinen sich Psychopathinnen die Geschlechterstereotype, mit denen sie konfrontiert werden, zunutze machen zu können. So kann es in einigen Situationen hilfreich sein, auf die vermeintliche Schwäche des eigenen Geschlechts zu rekurrieren (Campbell 2002).

Wenngleich Bestätigungen auf subklinischer Ebene für diese Erkenntnisse bislang fehlen, weist die klinische Praxis auf einen möglichen Grund für die konsistent niedrigere dunkle Triade – Werte von Frauen insbesondere im Bereich der Psychopathie hin. So werden bei Frauen wesentlich häufiger als bei Männern Borderline-Persönlichkeitsstörungen diagnostiziert, deren Symptome denen der antisozialen Persönlichkeitsstörung, welche das klinische Äquivalent zur subklinischen Psychopathie darstellt, stark ähneln. Es ist vorstellbar, dass sich diese Tendenz auch subklinisch fortsetzt.

Literatur

Ackerman, R. A., Witt, E. A., Donnellan, M. B., Trseniewski, K. H., Robins, R. W., & Kashy, D. A. (2011). What does the narcissistic personality inventory really measure? *Assessment, 18*, 67–87.

Azizli, N., Atkinson, B.E., Baughman, H.M., Chin, K., Vernon, P. A., & Harris, E. (2016). Lies and crimes: Dark Triad, misconduct, and high-stakes deception. *Personality and Individual Differences, 89*, 34–39.

Boddy, C. R. (2014). Corporate psychopaths, conflict, employee affective well-being and counterproductive work behaviour. *Journal of Business Ethics, 121*(1), 107–121.

Buss, D. M., & Duntley, J. D. (2008). Adaptations for exploitation. *Group Dynamics, 12*, 53–62.

Cain, N. M., Pincus, A. L., & Ansell, E. B. (2008). Narcissism at the crossroads: Phenotypic description of pathological narcissism across clinical theory, social/personality psychology, and psychiatric diagnosis. *Clinical Psychology Review, 28*, 638–656.

Campbell, A. (2002). *A mind of her own: The evolutionary psychology of women.* Oxford: Oxford University Press.

Cohen, A. (2016). Are they among us? A conceptual framework of the relationship between the dark triad personality and counterproductive work behaviors (CWBs). *Human Resource Management Review, 26*(1), 69–85.

Coid J.W., & Roberts A. (2007). Psychopathy and offending behaviour: Findings from the National Survey of Prisoners in England & Wales. *Journal of Forensic Psychiatry and* Psychology, *18*, 23–43.

De Hoogh, A. H. B., Den Hartog, D. N., & Nevicka, B. (2015). Gender differences in the perceived effectiveness of narcissistic leaders. Applied Psychology: *An International Review, 64*, 473–498.

Eagly, A. H., & Wood, W. (1999). The origins of sex differences in human behavior: Evolved dispositions versus social roles. *American Psychologist, 54*, 408–423.

Ember, C. R. (1978). Men's fear of sex with women: A cross-cultural study. *Sex Roles, 4*, 657–678.

Falkenbach, D. M. (2008). Psychopathy and the assessment of violence in women. *Journal of Forensic Psychology Practice, 8*(2), 212–224.

Forouzan, E., Cooke, D. J. (2005). Figuring out lafemme fatale: conceptual and assessment issues concerning psychopathy in females. *Behavioral Sciences & the Law, 23*(6), 765–778.

Foster, J. D., & Brennan, J. C. (2011). *Narcissism, the agency model, and approach-avoidance motivation.* Hoboken: Wiley.

Furnham, A., Hyde, G., & Trickey, G. (2014). Do your dark side traits fit? Dysfunctional personalities in different work sectors. *Applied Psychology, 63*(4), 589–606.

Furnham, A., Richards, S., Rangel, L., & Jones, D. N. (2014). Measuring malevolence: Quantitative issues surrounding the Dark Triad of personality. *Personality and individual differences, 67*, 114–121.

Grijalva E., Newman D. A., Tay L., Donnellan M. B., Harms P. D., Robins R. W., & Yan T. (2014). Gender differences in Narcissism: A meta-analytic review. *Psychological Bulletin, 141*(2), 261–310.

Grijalva, E., Harms, P. D., Newman, D. A., Gaddis, B. H., & Fraley, R. C. (2015). Narcissism and leadership: A meta-analytic review of linear and nonlinear relationships. *Personnel Psychology, 68*(1), 1–47.

Heilman, M. E., & Wallen, A. S. (2010). Wimpy and undeserving of respect: Penalties for men's gender-inconsistent success. *Journal of Experimental Social Psychology, 46*(4), 664–667.

Hogan, R., & Hogan, J. (1997). *Hogan development survey*. Tulsa: Hogan Assessment Systems.

Jonason, P. K., & Tost, J. (2010). I just cannot control myself: *The Dark Triad and self-control. Personality and Individual Differences, 49*, 611–615.

Jonason, P. K., & Webster, G. D. (2010). The dirty dozen: a concise measure of the dark triad. *Psychological Assessment, 22*(2), 420–432.

Jonason, P. K., Li, N. P., Webster, G. W., & Schmitt, D. P. (2009). The Dark Triad: Facilitating short-term mating in men. *European Journal of Personality, 23*, 5–18.

Jonason, P. K., Li, N. P., & Teicher, E. A. (2010). Who is James Bond? The Dark Triad as an agentic social style. *Individual Differences Research, 8*, 111–120.

Jonason, P. K., Slomski, S., & Partyka, J. (2012). The dark triad at work: How toxic employees get their way. *Personality and Individual Differences, 52*(3), 449–453.

Jonason, P.K., Wee, S., & Li, N.P. (2014). Thinking bigger and better about „bad apples": Evolutionary industrial/organizational psychology and the Dark Triad. *Industrial and Organizational Psychology: Perspectives on Science and Practice, 7*, 117–121.

Jonason, P. K., Wee, S., Li, N. P., & Jackson, C. (2014). Occupational niches and the Dark Triad traits. *Personality and Individual Differences, 69*, 119–123.

Jonason, P. K., Wee, S., & Li, N. P. (2015). Competition, autonomy, and prestige: Mechanisms through which the Dark Triad predict job satisfaction. *Personality and Individual Differences, 72*, 112–116.

Kiazad, K., Restubog, S. L. D., Zagenczyk, T. J., Kiewitz, C., &Tang, R. L. (2010). In pursuit of power: The role of authoritarian leadership in the relationship between supervisors' Machiavellianism and subordinates' perceptions of abusive supervisory behavior. *Journal of Research in Personality*, 44, 512–519.

Kowalski, C. M., Vernon, P. A., & Schermer, J. A. (2016). The general factor of personality: The relationship between the Big One and the Dark Triad. *Personality and Individual Differences, 88*, 256–260.

Kreis, M., & Cooke, D. (2011). Capturing the psychopathic female: A prototypicality analysis Of The Comprehensive Assessment Of Psychopathic Personality (CAPP) across gender. *Behavioral Sciences & the Law, 29*(5), 634–648.

Lilienfeld, S. O., & Hess, T. (2001). Psychopathic personality traits and somatization: Sex differences and the mediating role of negative emotionality. *Journal of Psychopathology and Behavioral Assessment, 23*, 11–24.

Mai, C., Büttgen, M., & Schwarzinger, D. (2016). Think-Manager-Consider-Female: Eine Analyse stereotypischer Ansichten über weibliche Führungskräfte und die empirische Überprüfung ihrer realen Persönlichkeit anhand der Big Five und Dunklen Triade. *Schmalenbachs Zeitschrift für betriebswirtschaftliche Forschung*. AdvanceOnline Publication, DOI: 10.1007/s41471-016-0022-9.

O'Boyle, E. H., Forsyth, D. R., Banks, G. C., & McDaniel, M. A. (2012). A meta-analysis of the dark triad and work behavior: A social exchange perspective. *Journal of Applied Psychology, 97*(3), 557–579.

Paulhus, D. L., & Williams, K. M. (2002). The dark triad of personality: Narcissism, Machiavellianism, and psychopathy. *Journal of Research in Personality, 36*(6), 556–563.

Pincus, A.L., Ansell, E.B., Pimentel, C.A., Cain, N.M., Wright, A.G.C., & Levy, K.N. (2009). Initial construction and validation of the Pathological Narcissism Inventory. *Psychological Assessment, 21*, 365–379.

Rosenthal, R., & Rubin, D. B. (1978). Interpersonal expectancy effects: The first 345 studies. *Behavioral and Brain Sciences, 1*, 377–415.

Ross, L. (1977). The intuitive psychologist and his shortcomings. In L.Berkowitz (Hrsg.), *Advances in experimental social psychology, 10*, 173–220. New York: Academic Press.

Rudman, L. A. (1998). Self-promotion as a risk factor for women: The costs and benefits of counterstereotypical impression management. *Journal of Personality and Social Psychology*, *74*, 629–645.

Rudman, L. A., Moss-Racusin, C., Phelan, J. E., & Nauts, S. (2012). Status incongruity and backlash effects: Defending the gender hierarchy motivates prejudice against female leaders. *Journal of Experimental Social Psychology*, *48*, 165–179.

Tepper, B. J., Duffy, M. K., Hoobler, J. M., & Ensley, M. D. (2004). Moderators of the relationship between coworkers' organizational citizenship behavior and fellow employees' attitudes. *Journal of Applied Psychology*, *89*, 455–465.

Henle, C. A., Lambert, L. S., Giacalone, R. A., & Duffy, M. K. (2008). Abusive supervision and subordinates' organization deviance. *Journal of Applied Psychology, 93*(4), 721–32.

Wink P. (1991). Two faces of narcissism. *Personality Processes and Individual Differences*, *61*, 590–597.

Wood, W., & Eagly, A. H. (2012). Biosocial construction of sex differences and similarities in behavior. In J. M. Olson & M. P. Zanna (Hrsg.), *Advances in Experimental Social Psychology*, *46*, 55–123. Oxford, UK: Elsevier.

Wynn R., Hoiseth, M., & Pettersen G. (2012). Psychopathy in women: Theoretical and clinical perspectives. *International Journal of Women's Health*, *4*, 257–263.

Yagil, D. (2006). The relationship of abusive and supportive workplace supervision to employee burnout and upward influence tactics. *Journal of Emotional Abuse*, 6, 49–65.

Zellars, K. L., Tepper, B. J., & Duffy, M. K. (2002). Abusive supervision and subordinates' organizational citizenship behavior. *Journal of Applied Psychology*, *86*, 1068–1076.

Aktuelle Messinstrumente

K. Externbrink, M. Keil, *Narzissmus, Machiavellismus und Psychopathie in Organisationen*,
DOI 10.1007/978-3-658-17239-8_5

Zusammenfassung

Für die anwendungsorientierte Forschung existieren zwei Messverfahren mit hoher Testökonomie: Die „Short Dark Triad", und das „Dirty Dozen". Generell unterliegen diese dem Problem der sozialen Erwünschtheit, wobei dies mit Blick auf Narzissmus etwas weniger problematisch zu sein scheint.

Short Dark Triad (SD3)

Ein Problem bei der Erfassung der dunklen Triade liegt in der Testökonomie: So ist es wenig pragmatisch, die oben beschriebenen separaten Skalen in einem umfangreichen gemeinsamen Fragebogen zu kombinieren. Jones und Paulhus (2014) haben daher die „Short Dark Triad" publiziert, ein bisher nur in englischer Sprache vorliegendes Verfahren, das mit 27 Items (siehe ► Abschn. 9.1.) die Kernmerkmale der dunklen Triade erfassen soll. Sie legen die Ergebnisse von vier Studien ($N = 1063$) mit studentischen und berufstätigen Personen vor, die die Reliabilität und Validität ihres Instruments untermauern. Studie eins und zwei werden zur Item-Selektion genutzt und stützen die faktorielle Validität des Instruments. Studie drei zeigt eine gute Übereinstimmung mit den umfangreicheren Standardverfahren zur Messung von Narzissmus, Machiavellismus und Psychopathie. Studie vier validiert die Subskalen mit Fremdbeurteilungen.

The Dirty Dozen

Ein weiteres Verfahren ist das „Dirty Dozen" von Jonason und Webster (2010) mit insgesamt zwölf Items. Dazu gibt es auch eine validierte deutsche Version von Küfner und Kollegen (2014), sowohl in der ursprünglichen Variante mit zwölf Items als auch in einer optimierten Version mit neun Items („Niederträchtige Neun"). Küfner et al. berichten insgesamt drei Studien ($N = 1425$), die für die Struktur, interne Konsistenz und Stabilität der Skalen sprechen. Die konvergente Validität wird wie bei Jones und Paulhus (2014) durch Beziehungen mit Standardverfahren der dunklen Triade untermauert, außerdem werden Big Five-Komponenten und Aggressivität zur Konstruktvalidierung herangezogen. Zuletzt zeigen die Autoren, dass sich mit dem Instrument charakteristische Verhaltensweisen bzw. Verhaltensbeurteilungen von anderen Personen im Rahmen von kurzen Präsentationsübungen vorhersagen lassen. Die Items sind in ► Abschn. 9.2. dargestellt.

Managerial Risk Profile

Ein deutschsprachiges Screeningverfahren für den Berufskontext, das sich allerdings noch in der Weiterentwicklung befindet, ist das „Risikoprofil für Manager" von Wagner und Externbrink (2016). In Zusammenarbeit mit in der Praxis tätigen Personal-, Rechts- und Gesundheitspsychologen entwickelten sie je eine Kurzskala zu drei Kernaspekten der dunklen Triade, die mit jeweils vier Items gemessen werden: Überlegenheitsgefühle („Ich bin oft von inkompetenten Personen umgeben"), Manipulationsneigung („Ich bin bereit, andere zu manipulieren, um meinen Willen durchzusetzen") und Rücksichtslosigkeit („Was andere fühlen, ist mir eigentlich egal"). Das Instrument erreicht Reliabilitätskennwerte auf akzeptablem Niveau. Weiter zeigt sich eine gute Übereinstimmung mit den Niederträchtigen Neun und in der CFA eine dreifaktorielle Struktur. Außerdem ergeben sich theoriekonforme Beziehungen zu den Big Five. Die Kriteriumsvalidierung bestätigt den positiven Zusammenhang mit kontraproduktivem Arbeitsverhalten (► Abschn. 6.2). Wird Berufserfolg als Kriterium herangezogen, variieren die Ergebnisse: Für Führungskräfte ergeben sich positive Korrelationen mit dem Gehalt und negative mit dem erfolgreichen Aufsteigen in der Hierarchie. Zudem zeigt sich ein umgekehrt u-förmiger Zusammenhang zwischen Überlegenheitsgefühlen und Karriereerfolg.

■ **Das Problem der sozialen Erwünschtheit**

Sozial akzeptierte Antworten

Es ist aber natürlich auch zu berücksichtigen, dass die gängigen Inventare zur Selbstbeschreibung durch soziale Erwünschtheit beeinflusst werden können, also durch die Tendenz der Befragten nicht wahrheitsgemäß, sondern vielmehr so zu antworten, wie es aus ihrer Sicht sozial gebilligt wird (vgl. Hossiep 2014).

Sonderfall Narzissmus

Für Narzissmus gibt es dazu unterschiedliche Überlegungen. Auf der einen Seite kann man davon ausgehen, dass Narzissten aufgrund ihres fragilen Selbstwerts nur schwerlich bereit dazu sein werden, derartige Fragebögen ehrlich zu beantworten. Auf der anderen Seite finden z. B. Watson und Morris (1991) eine negative Korrelation zwischen Narzissmus und sozialer Erwünschtheit. Das lässt sich auch dadurch erklären, dass es für den Narzissten gleichsam unter seiner Würde wäre, sein antisoziales Verhalten zu verschleiern. Ein weiteres Argument in dieser Debatte ist, dass die Methode der Selbstbeschreibung immer auch eine gewisse Fähigkeit zur (kritischen) Selbstreflexion der Probanden erfordert und dass man diese z. B. Psychopathen nur selten attestieren kann.

Frag ihn einfach

Konrath et al. (2014) gehen so weit, dass man Narzissmus mit einem einzigen Item messen kann: „To what extent do you agree with this statement: ‚I am a narcissist.' (Note: The word narcissist means egoistical, self-focused, and vain)". Die Testteilnehmer können die Frage auf einer Skala von 1 (not very true to me) bis 7 (very true of me) einschätzen. Mit elf unabhängigen Studien und einer Gesamtstichprobe von $N = 2250$ Versuchspersonen verweisen sie auf die psychometrische Güte ihrer Single Item Narcissism Scale (SINS). Bei allen nicht gerade unerheblichen Schwierigkeiten, die mit Ein-Item-Skalen einhergehen, haben sie auch Vorteile, gerade für umfangreiche Studien. Wichtiger ist aber auch hier die Erkenntnis, dass bei Narzissten die Verzerrung durch sozial erwünschtes Antworten ein vergleichsweise geringeres Problem darstellen könnte als bei Machiavellisten und Psychopathen. Damit treiben die Autoren es auch ein wenig auf die Spitze, denn folgt man ihrem Vorgehen, so kann man einen Narzissten identifizieren, indem man ihn einfach danach fragt. Die Autoren diskutieren weiter, dass gerade solche Personen, die ihre narzisstischen Tendenzen offen zugeben, tatsächlich Narzissten sind, können aber die Anfälligkeit der SINS für Verfälschbarkeit natürlich nicht vollkommen ausschließen.

Literatur

Hossiep, R. (2014). Soziale Erwünschtheit. In M. A. Wirtz (Hrsg.), *Dorsch – Lexikon der Psychologie* (17. Aufl., S. 1552). Bern: Verlag Hans Huber.

Jonason, P. K., & Webster, G. D. (2010). The dirty dozen: a concise measure of the dark triad. *Psychological Assessment, 22*(2), 420–432.

Jones, D. N., & Paulhus, D. L. (2014). Introducing the Short Dark Triad (SD3): A brief measure of dark personality traits. *Assessment, 21*(1), 28–41.

Konrath, S., Meier, B. P., & Bushman, B. J. (2014). Development and validation of the single item narcissism scale (SINS). *PloS One, 9*(8), e103469.

Küfner, A. C. P., Dufner, M. & Back, M. D. (2014). Das Dreckige Dutzend und die Niederträchtigen Neun: Kurzskalen zur Erfassung von Narzissmus, Machiavellismus und Psychopathie. *Diagnostica, 61*(2), 76–91.

Wagner, H. & Externbrink, K. (2016). *Validierung eines berufsbezogenen Persönlichkeitsfragebogens zur Erfassung von Derailmentfaktoren: Das Managerial Risk Profile.* 20. Fachtagung der Gesellschaft für angewandte Wirtschaftspsychologie, 26.-27. Februar, Hamburg, Deutschland.

Watson, P. J., & Morris, R. J. (1991). Narcissism, empathy and social desirability. *Personality and Individual Differences, 12*(6), 575–579.

Aktuelle Befunde

K. Externbrink, M. Keil, *Narzissmus, Machiavellismus und Psychopathie in Organisationen*,
DOI 10.1007/978-3-658-17239-8_6

Zusammenfassung
Der Karriereweg und auch die damit verbundenen Unterschiede in der pro- und kontraorganisationalen Leistungserbringung unterscheiden Narzissten, Machiavellisten und Psychopathen erkennbar vom Normalarbeitnehmer. Während die Betrachtung von Arbeitsrollendefinitionen, die Wahrnehmung von Anreizstrukturen sowie unterschiedliche mikropolitische Taktiken Auskunft über ihr Wirken gibt, reagieren sie darüber hinaus unterschiedlich auf Misserfolg und Stress. Bemerkenswert bleiben dabei die Hinweise auf funktionale Aspekte der dunklen Attribute z. B. im Vertrieb oder der schnellere und erfolgreichere Aufstieg in Führungspositionen.

6.1 Berufswahl und Karrierepräferenzen

Zusammenfassung
Narzissten, Machiavellisten und Psychopathen werden von bestimmten beruflichen Umwelten angezogen, suchen diese gezielt auf und werden dort auch mehr geschätzt. Dazu gehören z. B. der private Sektor und die von Holland beschriebenen Enterprising-Umwelten. Diese Dynamik lässt sich anhand von Modellen zur organisationalen Gravitation und zu individuellen Selektionsprozessen bei der Berufswahl erläutern.

Will man sich näher mit der dunklen Triade im Arbeitskontext beschäftigen, so kann man zunächst mit der Frage beginnen, was vor dem Eintritt in die Organisation passiert. Also zum Beispiel, für welche Karrieren sich Personen mit dunklen Persönlichkeitseigenschaften interessieren, von welchen beruflichen Umwelten sie angezogen werden und in welchen Berufen man sie häufig antrifft. Eine ganze Reihe aktueller Arbeiten beschäftigt sich daher mit den Karrierepräferenzen und angestrebten Berufs- und Tätigkeitsfeldern, die mit der dunklen Triade assoziiert sind.

Selektion vs. Sozialisation

Damit befassen wir uns auch mit der generellen Fragestellung zum Zusammenhang zwischen Persönlichkeit und Beruf. Hier gibt es zwei Sichtweisen. Zum einen die Selektionshypothese, die davon ausgeht, dass die Persönlichkeitseigenschaften die Auswahl der Arbeitstätigkeit beeinflussen und zum anderen die Sozialisationshypothese, die beschreibt, dass der Beruf, den wir ausüben, auch die Persönlichkeit formen kann (vgl. Moser et al. 2014). Dass beide Hypothesen sich nicht ausschließen, sondern sich wechselseitig stützen, ist naheliegend. Wahrscheinlich wird durch Selektionsprozesse die Auswahlentscheidung beeinflusst und die Persönlichkeit fortfolgend durch Sozialisationsprozesse stabilisiert. Ganz ähnlich kommt dies beispielsweise im ASA-Modell von Schneider et al. (2000) zum Ausdruck.

▪ Attraction-Selection-Attrition
Das ASA Modell erklärt, warum sich Menschen in Organisationen oder ganzen beruflichen Sektoren in ihrer Einstellung und ihrem Verhalten ähneln. Dies lässt sich darauf zurückführen, dass Organisationen

einen bestimmten Mitarbeitertypus anziehen und nach Ähnlichkeit auswählen. Im Einzelnen skizzieren die Autoren drei aufeinander folgende Prozessschritte.

Organisationale Gravitation

Erstens Attraction (alle jetzigen Mitarbeiter haben sich bei dieser Organisation beworben), zweitens Selection (die Organisation wählt bestimmte Mitarbeiter aus, die besonders zu ihr passen), drittens Attrition (wer nicht zur Organisation passt, aber trotzdem eingestellt wurde, wird zermürbt und scheidet aus). Nerdinger (2014) bezeichnet dieses Phänomen auch als organisationale Gravitation.

Zur Illustration verweist Nerdinger auf die Untersuchung von Furnham et al. (2014), die diese Dynamik für dunkle Persönlichkeitseigenschaften nachvollziehen: Die Autoren untersuchten 5693 britische Arbeitnehmer mit dem Hogan Development Survey, der zwar nicht primär zur Messung der dunklen Triade entwickelt wurde, aber dessen Subskalen auch narzisstische, machiavellistische und psychopathische Züge abbilden.

Öffentlicher Dienst vs. privater Sektor

Dabei ergaben sich zunächst folgende Gruppenunterschiede mit Blick auf die Beschäftigung im öffentlichen Dienst vs. einer Anstellung im privaten Sektor. In privaten Unternehmen zeigen sich bei den Mitarbeitern insbesondere höhere Werte für die Bereiche wagemutiges und buntschillerndes Auftreten sowie Zynismus gegenüber anderen und mikropolitische Orientierung. Im öffentlichen Dienst weisen Mitarbeiter höhere Werte bei Ängstlichkeit, Reserviertheit und Vorsicht auf. Man könnte daraus schließen, dass sich narzisstische und machiavellistische Tendenzen gehäuft in privatwirtschaftlichen Organisationen finden lassen, da sich Personen mit diesen Eigenschaften offensichtlich von derartigen Kontexten angezogen fühlen und dort Risikobereitschaft, Selbstbewusstsein und soziale Potenz gleichermaßen geschätzt werden (vgl. Nerdinger 2014).

Finanzdienstleiter

Die Analyse innerhalb des privaten Sektors zeigte, dass die beschriebenen narzisstischen Tendenzen stärker bei Finanzdienstleistern (Versicherungsunternehmen und Banken) ausgeprägt waren. Die Vergleichsgruppe bildeten hier allerdings „lediglich" private Notfall- und Rettungsdienste, deren Mitarbeiter z. B. stärkere Ausprägungen in den Eigenschaften vorsichtig, fleißig und pflichtbewusst aufwiesen.

▪ Die Kongruenztheorie

Will man die Karriereaspirationen noch spezifischer erkunden und es nicht bei Arbeitssektoren belassen, sondern spezifische Berufsgruppen in den Blick nehmen, dann kann man sich gut an der Kongruenztheorie von Holland (1997) zur individuellen Berufswahl orientieren.

RIASEC

Er geht davon aus, dass Personen nach Umwelten suchen, die mit ihrer Persönlichkeit kompatibel sind. Dabei unterscheidet er sechs Prototypen der beruflichen Persönlichkeit und ihrer korrespondierenden Umwelten, die wiederum durch die darin befindlichen Personen, Aufgaben und Möglichkeiten charakterisiert sind; diese sind in seinem RIASEC Modell beschrieben, das in ◘ Tab. 6.1 dargestellt ist. In der Berufsrealität treten freilich häufig Mischformen auf.

Tab. 6.1 Das RIASEC-Modell (Holland 1997)

R	**Realistic** handwerklich-technisch	Mit den Händen arbeiten, Werkzeuge und Maschinen nutzen, im Freien sein
I	**Investigative** untersuchend-forschend	Analysieren, untersuchen, lernen, logisch denken, rational argumentieren, experimentieren.
A	**Artistic** künstlerisch-kreativ	Mit Musik, Kunst oder Sprache arbeiten, Ästhetisches erschaffen.
S	**Social** erziehend-pflegend	Erziehen, lehren, beraten, pflegen, heilen, medizinisch und psychologisch unterstützen.
E	**Enterprising** führend-verkaufend	Überzeugen, motivieren, führen, verkaufen, leiten und organisieren, mit Kennzahlen arbeiten.
C	**Conventional** ordnend-verwaltend	Genau arbeiten, kontrollieren, Regeln befolgen, Daten und Texte übermitteln.

Ausgehend von der Idee, dass unsere Persönlichkeitseigenschaften dazu beitragen, wie wir unser Umfeld gestalten, haben Jonason et al. (2014) in zwei Querschnittsstudien mit insgesamt über 690 Versuchspersonen die Berufsinteressen, die mit der dunklen Triade assoziiert sind, untersucht.

Die narzisstische Karriere

Die Autoren argumentieren, dass Narzissten solche Kontexte aufsuchen, in denen sie ihr Bedürfnis nach Anerkennung und Bewunderung befriedigen können und in denen sie einen hohen Status haben, eine dominante Rolle einnehmen können und anderen überlegen sind. Daher zeigte sich eine Präferenz für künstlerische, unternehmerische, und soziale Berufe, wobei gleichzeitig ein Desinteresse an konventionellen Tätigkeiten sichtbar wurde.

Die machiavellistische Karriere

Weiter zeigen die Ergebnisse, dass Machiavellisten solche Berufe besonders scheuen, in denen es darum geht, sich um andere zu kümmern oder fürsorglich zu sein. Die Annahme, dass Machiavellisten besonders solche Berufe präferieren, welche Aufstiegsmöglichkeiten bieten und in denen man schnell einen hohen Status erreichen kann, konnte nicht bestätigt werden.

Die psychopathische Karriere

Den Befund, dass Psychopathen hauptsächlich realistische und praktische Karrieren anstreben, erklären die Autoren mit der starken anti-sozialen Orientierung, der fehlenden Selbstkontrolle und mangelnden Verantwortungsübernahme. Damit sollte z. B. eine starke Abneigung gegen soziale Berufe einhergehen, in denen man anderen hilft oder ihre medizinische Versorgung beaufsichtigt. Vielmehr sollten Psychopathen von Kontexten angezogen werden, in denen sie nicht mit anderen zusammenarbeiten müssen, ohne Aufsicht sind und wenig Regeln befolgen müssen.

Eine ähnliche Untersuchung von Schneider et al. (2015), die allerdings einen etwas differenzierteren Ansatz wählt als das RIASEC-Modell, spricht zudem dafür, dass Psychopathie mit einer Präferenz für das Arbeiten im Management privater Organisationen einhergeht.

Dies ließe sich dadurch erklären, dass Psychopathie mit einem rationalen und kühlen Arbeitsstil assoziiert ist und außerdem im Management täglich viele unterschiedliche, kurzfristige Aktivitäten anstehen, bei denen andere beeinflusst werden müssen.

Gerade bei der Psychopathie fallen die Befunde also etwas uneindeutiger aus als bei Narzissmus und Machivellismus. Dies könnte zukünftig genauer untersucht werden, indem die oben bereits skizzierte Unterscheidung zwischen primärer und sekundärer Psychopathie aufgegriffen wird, wie etwa bei Schütte und Blickle (2016): Sie zeigen, dass die sekundäre Psychopathiekomponente (egozentrische Impulsivität) malaptive Auswirkungen auf die Arbeitsleistung hat, während die primäre Komponente (furchtlose Dominanz) sich als adaptiv für bestimmte berufliche Umwelten herausstellt. Vor diesem Hintergrund lässt sich auch der oben skizzierte Befund von Jonason et al. (2014) interpretieren, der die anti-soziale Facette und die defizitäre Selbstkontrolle von Psychopathen in den Mittelpunkt stellt. Schütte und Blickle (2016) argumentieren weiter, dass furchtlose Dominanz hingegen das Streben nach Aufmerksamkeit und Macht sowie Durchzusetzung des eigenen Willens beinhalte. In einem Arbeitsumfeld, das Macht, Geld und Status biete und in dem viel verhandelt und verkauft werden müsse, sollte sich die primäre Psychopathiekomponente also als durchaus zuträglich für den Berufserfolg herausstellen. Ein solches Umfeld stellen Enterprising-Umwelten nach Holland dar, weshalb sich hier auch eine besondere organisationale Gravitation erwarten lässt.

6.2 Pro-organisationales und kontraproduktives Verhalten

Zusammenfassung

Die soziale Austauschtheorie erlaubt Vorhersagen über die Arbeitsleistung von Narzissten, Machiavellisten und Psychopathen. Metaanalytischen Befunden zufolge eignen sich die Konstrukte am besten, um kontraproduktives Verhalten vorherzusagen. Insbesondere bzgl. der aufgabenbezogenen Leistung müssen aber die spezifischen Anforderungen und Anreizstrukturen der jeweiligen Arbeitsrolle berücksichtigt werden.

Wie verhalten sich Narzissten, Machiavellisten und Psychopathen in Organisationen? Es dürfte wohl relativ klar sein, dass es sich hierbei um unbequeme und nicht selten gefürchtete Mitarbeiter handelt. Eine differenziertere Auseinandersetzung mit ihrem Leistungsverhalten ist aber trotzdem notwendig, nicht zuletzt, weil die empirische Befundlage nicht so einheitlich ist, wie es auf den ersten Blick erscheint.

Komponenten der Arbeitsleistung

Arbeitsleistung kann ganz allgemein als die Summe aller Verhaltensweisen eines Mitarbeiters verstanden werden, die der Zielerreichung der Organisation zuträglich sind (Motowidlo 2003). Damit ist Arbeitsleitung zumindest teilweise als relativ zu betrachten, weil sie von den spezifischen Rollenanforderungen abhängig ist. Es lassen sich drei zentrale Komponenten der Arbeitsleistung differenzieren: aufgabenbezogene Leistung, freiwilliges Arbeitsengagement und kontraproduktives Arbeitsverhalten (Rotundo und Sackett 2002).

Aufgabenbezogene Leistung

Die aufgabenbezogene Leistung umfasst alle Verhaltensweisen eines Mitarbeiters, die einen Beitrag zur Erledigung der Kernaufgaben der Organisation leisten und als Gegenstand der Stellenbeschreibung die formalen Anforderungen der jeweiligen Arbeitsrolle ausmachen (Borman und Motowidlo 1997).

Engagement aus freien Stücken

Freiwilliges Arbeitsengagement hingegen umfasst davon losgelöste Verhaltensweisen, die sich auf die Arbeitsumgebung beziehen und sich positiv auf die Funktionsfähigkeit der Organisation auswirken, aber nicht im formalen Anreizsystem berücksichtigt werden. Dazu zählen z. B. Hilfeleistungen für andere, eine besonders sorgfältige Aufgabenerfüllung, arbeitsrelevante Höflichkeit oder Unkompliziertheit (Organ 1988).

Kontraproduktives Arbeitsverhalten

Während die beiden ersten Komponenten pro-organisationalen Charakter haben, weist kontraproduktives Arbeitsverhalten in die Gegenrichtung: Es umfasst bewusste Verhaltensweisen, die der Organisation oder ihren Mitgliedern erheblichen Schaden zufügen (Bennett und Robinson 2000). Die hier gemeinten Verhaltensweisen reichen vom Beschimpfen oder Bloßstellen anderer am Arbeitsplatz über die Konsumierung von Alkohol und Drogen bei der Arbeit bis hin zur Verfälschung von Abrechnungen zu eigenen Gunsten oder dem Austausch mit Unbefugten über vertrauliche Firmeninformationen.

▪ Die soziale Austauschtheorie

Von den Kosten und Nutzen einer Beziehung

Die ausgeprägten antisozialen Verhaltensweisen, die mit der dunklen Triade einhergehen, legen es nahe, ihre Bedeutung für Organisationen vor dem Hintergrund der sozialen Austauschtheorie (Thibaut und Kelley 1959) zu interpretieren. Im Zentrum der Theorie steht der zuverlässige Austausch zwischen Interaktionspartnern, wobei erhaltene Belohnungen in Relation zu auferlegten Kosten betrachet werden.

Übertragung auf den Organisationskontext

Übertragen auf den organisationalen Kontext bedeutet das, dass Arbeitsleistung im Austausch für materielle und immaterielle Gegenleistungen erfolgt, dass Mitarbeiter also im Austausch für direkte Belohnungen wie etwa das Gehalt oder indirekte Belohnungen wie besonderen Status oder Wertschätzung arbeiten. Die Beziehung zwischen Arbeitnehmer und Arbeitgeber wird dann gestärkt, wenn Mitarbeiter angemessen für ihre Arbeit belohnt werden und ihre persönlichen Kosten nicht zu groß sind. Gegenseitiges Vertrauen entsteht, wenn Mitarbeiter und Organisation ihren diesbezüglichen Verpflichtungen nachkommen. Es gilt also eine Norm der Gegenseitigkeit oder Reziprozität. So entwickeln beide Parteien ein Commitment für die Beziehung, die durch eine erhöhte gefühlsmäßige Bindung, Loyalität, Unterstützung und ein authentisches Interesse am Wohlbefinden des Gegenübers gekennzeichnet ist (Cropanzano und Mitchell 2005; zit. nach O'Boyle et al. 2012).

Fehlendes Gleichgewicht in Austauschbeziehungen

O'Boyle et al. (2012) haben dies auf die dunkle Triade übertragen und argumentieren, dass bei Personen mit hohen Ausprägungen der soziale Austausch aus dem Gleichgewicht gerät. Sie beschreiben, dass Machiavellisten, Narzissten und Psychopathen die Tendenz teilen, andere zum eigenen Vorteil auszunutzen. Sie versuchen also in jeder Beziehung, ihre persönlichen Gewinne auf Kosten anderer zu maximieren. Obwohl sie auf den ersten Blick nicht besonders unangenehm auffallen oder als ausbeuterisch betrachtet werden, ist es kaum möglich, eine stabile, auf Reziprozität basierende (Arbeits-)Beziehung mit ihnen einzugehen. Die Autoren führen das darauf zurück, dass sie a) die Belohnungen und Kosten von Interaktionen falsch bewerten und b) nicht bereit oder nicht in der Lage sind, gegenseitige Verpflichtungen einzugehen oder Einfühlungsvermögen zu zeigen. Dieses allgemeine Argument spezifizieren die Autoren für jede einzelne Komponente der dunklen Triade weiter aus und verweisen auf korrespondierende Untersuchungen, die wir wie folgt zusammenfassen und weiter ergänzen (vgl. S. 559 ff.):

- **Narzissmus und Arbeitsleistung**

Es geht nur um mich

Angesichts ihrer hohen Selbstbezogenheit ist pro-organisationales Verhalten für Narzissten ziemlich unwahrscheinlich. Sie sind ausbeuterisch und wettbewerbsorientiert; Kooperation mit anderen oder Engagement für die Organisation sind daher für sie nicht denkbar. Wie wir noch genauer ergründen werden, begünstigt Narzissmus zwar einen schnelleren Aufstieg in Organisationen, dies muss aber nicht an eine entsprechende Arbeitsleistung gekoppelt sein.

Für mich gelten andere Regeln

Kontraproduktives Arbeitsverhalten hingegen ist bei Narzissten ziemlich wahrscheinlich. O'Boyle und Kollegen führen dies auf ihr hohes Überlegenheitsgefühl zurück und die damit einhergehende Überzeugung, dass die üblichen Standards und Regeln für sie nicht gelten. Dazu kommt, dass Narzissten schneller frustriert sind, wenn sie nicht die nötigen Ressourcen zur Verfügung gestellt bekommen, um ihre Arbeit erfolgreich zu erledigen. Misserfolg stellt eine starke Bedrohung für ihren empfindlichen Selbstwert dar, infolge richtet sich ihre Agression gegen die Organisation. Vor diesem Hintergrund haben Penney und Spector (2002) gezeigt, dass Nazissten stark auf sog. job constraints reagieren und andere am Arbeitsplatz häufiger beleidigen oder bewusst falsch arbeiten.

Eine Bühne, auf der ich glänzen kann

Ausnahmen können Situationen darstellen, in denen Narzissten durch ihre Arbeitsrolle eine Bühne geboten wird, die sie für die Zurschaustellung ihrer Grandiosität und zur Überzeugung anderer benutzen können und die es ihnen ermöglicht, Bewunderung, Applaus und Bestätigung von anderen zu erhalten (Morf und Rhodewalt 2001). Das kann in Teilen für den Kundenkontakt gelten oder auch dann der Fall sein, wenn sie an der Spitze einer Organisation stehen. Narzissten entwickeln unternehmerische Visionen und besitzen durchaus den Charme und die Rhetorik, andere für ihre grandiosen Projekte zu gewinnen (z. B. Alcorn 1997). Campbell et al. (2011) diskutieren daher auch eine helle und eine dunkle Seite des Narzissmus bei CEOs.

▪ Machiavellismus und Arbeitsleistung

Jeder is sich selbst der Nächste

Machiavellisten sind sehr misstrauisch und zynisch. Sie unterstellen ihren Interaktionspartnern in der Regel schlechte Absichten, z. B., dass diese sie ausnutzen wollen. Daher messen Sie informellen Belohnungen wie etwa Wertschätzung oder Anerkennung durch andere nur geringe Bedeutung bei. Außerdem gehen sie nicht davon aus, dass sich ein besonderes Arbeitsengagement für sie lohnen wird. Aufgrund ihrer starken Orientierung an persönlicher Nutzenmaximierung beurteilen sie jeden sozialen Tausch nur danach, ob er für sie auch wirklich von Vorteil ist.

Am besten man erzählt den Leuten, was sie hören wollen

Sind potentielle Belohnungen (oder Sanktionen) also groß genug, dann sind Machiavellisten durchaus zu pro-organisationalen Handlungen fähig. Dabei kommt ihnen vor allem die Eigenschaft zu gute, als „soziales Chamäleon" aufzutreten und sich mit großer Anpassungsfähigkeit auf ihr Gegenüber einzustellen. Dadurch können sie gute Netzwerke knüpfen, das Vertrauen anderer gewinnen und auch die gewünschten Ergebnisse beim Kunden erzielen. In anderen Worten: ihr Gegenüber in die gewünschte Richtung manipulieren.

Doing Good vs. Looking Good

Interessant sind in diesem Zusammenhang auch die Arbeiten zum freiwilligen Arbeitsengagement von Machiavellisten. So scheint dieses auf den ersten Blick doch von altruistischen Absichten oder hoher Identifikation mit der Organisation motiviert zu sein. Auf der anderen Seite kann die öffentliche Zurschaustellung des eigenen Engagements auch sehr selbstdienlich sein, weil man es instrumentalisieren kann, um sich bei anderen in ein positives Licht zu rücken. Bolino (1999) unterscheidet daher zwei Motive, die dem organizational citizenship behavior zugrundeliegen können: Anderen Gutes tun oder einfach nur gut aussehen.

Das Risiko entlarvt zu werden

Das große Risiko für die Arbeitsleistung von Machiavellisten besteht darin, dass ihre Manipulationsversuche von Vorgesetzten, Kollegen oder Mitarbeitern aufgedeckt werden. Denn die reine Bereitschaft, andere zu manipulieren, muss nicht zwangsweise auch mit der entsprechenden Fähigkeit einhergehen. So zeigt die oben bereits beschriebene Arbeit von Austin und Kollegen (2007), dass Machiavellismus negativ mit emotionaler Intelligenz korreliert. Der auf sich selbst und auf andere bezogenen Fähigkeit, Emotionen zu erkennen, zu regulieren und zielführend einzusetzen (vgl. Salovey und Mayer 1990). Das Ergebnis war davon unabhängig, ob emotionale Intelligenz mit Fragebogen oder Tests gemessen wurde.

Es ist nicht wichtig wie, nur, dass man gewinnt.

Machiavellisten vertreten die Ansicht, dass Moral und normative Wertvorstellungen die Zielerreichung behindern. Daher fühlen sie sich von diesen eingeschränkt. Kontraproduktives Arbeitsverhalten ist bei Machiavellisten also immer dann wahrscheinlich, wenn es sich für sie lohnt und ihnen instrumentell erscheint, um ihre Ziele zu erreichen. So misst auch die Metaanalyse von Kish-Gephart et al. (2010) über Arbeiten zu unethischem Verhalten in Organisationen der machiavellistischen Persönlichkeit eine wichtige Bedeutung bei.

▪ Psychopathie und Arbeitsleistung

Psychopathen interessieren sich nicht für andere. Im Sinne des sozialen Tauschs werden sie also keineswegs Verhaltensweisen zeigen, die anderen Nutzen bringen oder deren Kosten verringern. Überall dort, wo die Arbeitsrolle Kooperation, Zuverlässigkeit oder wechselseitige Verpflichtungen beinhaltet, wird ihre Arbeitsleistung also schlecht ausfallen. Ebenso wie Machiavellisten sprechen Psychopathen wenig auf soziale Anerkennung oder negatives Feedback an. Das führt dazu, dass man ihr Verhalten nur sehr schwer beeinflussen und in die gewünschte Richtung lenken kann.

Menschenschinder oder Manager?

Psychopathie dürfte hingegen überall dort mit aufgabenbezogener Leistung assoziiert sein, wo die Arbeitsrolle einen rationalen und kühlen Arbeitsstil, rücksichtslose Entscheidungen und soziale Potenz erfordert. In diesem Zusammenhang weisen Babiak und Hare (2006) in ihrem Buch „Snakes in Suits" (dt. „Menschenschinder oder Manager") darauf hin, dass 3,5 % der Topmanager in US-amerikanischen Firmen eine hohe Psychopathieausprägung aufweisen, während die Quote in der Normalbevölkerung bei nur 1 % liege. Wenngleich sich ähnlich spektakuläre Befunde auch in deutschen Stichproben replizieren lassen (z. B. Hossiep und Ringelband 2014) sollte man sie aber auch nicht überinterpretieren, denn es gibt genauso auch gegenläufige Befunde. So haben etwa Spurk et al. (2016) eine Untersuchung zum Zusammenhang dunkler Persönlichkeitseigenschaften mit dem individuellen Karriereerfolg durchgeführt. Bei einer Stichprobe von 793 Mitarbeitern deutscher Unternehmen wurde der Karriereerfolg dabei über objektive Indikatoren (Gehalt und hierarchische Position) sowie subjektive Einschätzungen (Zufriedenheit mit der Karriere) operationalisiert. Als Kontrollvariablen fungierten unter anderem Geschlecht, Alter, Organisationsgröße und Bildungshintergrund. Während Narzissmus signifikant mit dem Gehalt korrelierte, zeigte Machiavellismus positive Zusammenhänge mit der Führungsposition und der Karrierezufriedenheit. Psychopathie korrelierte negativ mit allen drei Indikatoren des Karriereerfolgs.

Psychopathie ist ein wichtiger Prädiktor für kriminelles Verhalten (Hare und Neumann 2009). Gleichermaßen sollten hier auch die stärksten Zusammenhänge mit kontraproduktivem Arbeitsverhalten zu finden sein. Reue oder Schuld erleben sie nur sehr selten, im Gegenteil sind sie oft der Meinung, dass derartige Empfindungen nur etwas für schwache Menschen sind (vgl. Wagner und Externbrink 2016).

▪ Die Theorie des geplanten Verhaltens

Ergänzen lassen sich die Ausführungen von O'Boyle et al. (2012) um die Theorie des geplanten Verhaltens von Ajzen (1991), da sie einen weiteren interessanten Aspekt zur Vorhersage von kontraproduktivem Arbeitsverhalten bei Narzissten, Machiavellisten und Psychopathen aufwirft.

Das subjektive Überzeugungssystem

Die Theorie des geplanten Verhaltens besagt im Wesentlichen, dass unsere Intention ein Verhalten auszuüben neben unserer Einstellung zum Verhalten und den wahrgenommenen Verhaltensnormen von unserer persönlichen Überzeugung beeinflusst wird, ein Verhalten unter Kontrolle zu haben, weil wir z. B. über entsprechendes Geschick verfügen oder das nötige Glück haben werden, um unser Vorhaben in die Tat umzusetzen (vgl. Six 2014).

Es wird schon schief gehen oder: belief in good luck.

Bezogen auf die dunkle Triade lässt sich argumentieren, dass Personen mit hoher Ausprägung zum einen eine andere Einstellung zu kontraproduktivem Verhalten haben (so etwa Machiavellisten), und zum anderen auch der Überzeugung sind, dass sie eine mögliche Strafe verhindern können (belief in good luck). Diese Hypothese stammt von Zhao et al. (2016). In den Szenarien, die sie mit ihren Versuchspersonen bearbeiteten, zeigte sich, dass „belief in good luck" den Zusammenhang zwischen dunklen Persönlichkeitseigenschaften und der Intention Schmiergeld anzunehmen, im Sinne einer Mediatorvariable erklären konnte. Der Effekt zeigte sich auch unter Berücksichtigung der Kontrollvariablen Optimismus und Selbstwirksamkeit.

- **Die Metaanalyse von O'Boyle et al. (2012)**

In ihrer Metaanalyse über 245 unabhängige Studien über den Zeitraum von 1951 bis 2011 haben O'Boyle und Kollegen vor dem Hintergrund ihrer oben beschriebenen Ausführungen zur sozialen Austauschtheorie die Zusammenhänge der dunklen Triade mit Arbeitsleistung und kontraproduktivem Arbeitsverhalten untersucht. Für Arbeitsleistung berücksichtigten sie sowohl solche Studien, die aufgabenbezogene Leistung als abhängige Variable nutzten, als auch solche, die freiwilliges Arbeitsengagement als Kriterium betrachteten. ◘ Tab. 6.2 zeigt die Ergebnisse.

Es zeigte sich nur eine geringe Bedeutung der dunklen Triade für die pro-organisationalen Leistungsaspekte. Dafür fanden die Autoren aber hypothesenkonforme Zusammenhänge zwischen allen Komponenten der dunklen Triade und kontraproduktivem Arbeitsverhalten, wobei dieser Zusammenhang für Psychopathie überraschend schwach ausfiel.

◘ **Tab. 6.2** Metaanalyse zu kontraproduktivem Arbeitsverhalten (O'Boyle et al. 2012)

	Anz. der Studien	Stichprobe	Zusammenhang
Arbeitsleistung			
Narzissmus	18	3124	–.02
Machiavellismus	57	9297	–.06
Psychopathie	68	10227	–.08
kontraproduktives Arbeitsverhalten			
Narzissmus	9	2708	.35
Machiavellismus	12	2546	.20
Psychopathie	27	6056	.06

Die enttäuschenden Ergebnisse zur Arbeitsleistung führen die Autoren darauf zurück, dass die existierenden Ansätze zur Operationalisierung der dunklen Triade sich nur wenig dazu eignen, proorganisationales Verhalten wie aufgabenbezogene Leistung oder freiwilliges Arbeitsengagement vorherzusagen, ein zentrales Problem stelle insgesamt das Problem der sozialen Erwünschtheit dar.

Analyse der Moderatorvariablen

Besonders um die Ergebnisse zur Arbeitsleistung besser einordnen zu können, muss aber angesichts der oben genannten Definition auch festgehalten werden, dass die Stärke der Korrelationen ja durchaus mit organisationalen Kontextvariablen im Allgemeinen und mit der jeweiligen Arbeitsrolle im Speziellen variieren kann. Auf die Bedeutung spezifischer Rollenanforderungen und beruflicher Kontexte möchten wir im Weiteren genauer eingehen. Zudem würde auch hier wieder eine differenziertere Sicht auf primäre und sekundäre Psychopathie weiterhelfen, die wir aber im fortfolgenden wegen der aktuell noch nicht sehr weit differenzierten Forschungslage weniger berücksichtigen.

6.3 Einflussnahme und mikropolitische Taktiken

Zusammenfassung
Mikropolitik umfasst die Beeinflussung anderer im Sinne persönlicher Ziele. Während Narzissten bevorzugt weiche Taktiken anwenden, nutzen Psychopathen harte Einflusstechniken. Machiavellisten bedienen sich dem gesamten Arsenal alltäglicher Machtmittel; ob Sie damit Erfolg haben, hängt von der Strukturiertheit des Kontexts ab.

Mikropolitik bezeichnet die Beeinflussung anderer im eigenen Sinne (Neuberger 1995). Dass Mikropolitik damit einen wesentlichen Beitrag zur individuellen Effektivität in Organisationen leistet, ist gut nachvollziehbar (vgl. Blickle und Gönner 1999).

Einflusskompetenz im Sinne persönlicher Ziele

Im Zentrum steht hier also das Eigeninteresse der Person, sodass sich mikropolitisches Verhalten von anderen Konstrukten abgrenzen lässt, die gezielte Einflussnahme in Organisationen beschreiben. So geht es z. B. in der Personalführung um die Beeinflussung der Mitarbeiter im Sinne der Organisationsziele. Im Gegensatz dazu kann individuelle Einflussnahme zwar organisationsdienlich sein, muss es aber nicht (ebd.).

Ziele von Mikropolitik

Das verdeutlichen auch die explorativen Arbeiten von Kipins et al. (1980), die u.a. folgende typische Ziele von mikropolitischem Verhalten angeben: erstens, Unterstützung von anderen erhalten, die eigentlich nicht dazu verpflichtet sind, zweitens, eigene Aufgaben auf andere abwälzen, drittens, persönliche Wünsche realisieren (z. B. mehr Gehalt und günstigere Arbeitszeiten), viertens, eigene Ideen durchsetzen. Später fügten Schmidt und Kippins (1984) noch den Aufbau eines positiven Image in der Organisation als Einflussziel hinzu.

Harte vs. weiche Taktiken

In Anlehnung an Blickle (1995) sowie Jonason, Slomski und Partyka (2012) lassen sich die Vorgehensweisen zur Erreichung dieser Ziele in weiche und harte Taktiken unterteilen. Dabei umfassen weiche

Taktiken: Einschmeicheln, Austausch anbieten, Koalitionen bilden oder rationales Begründen. Als harte Taktiken werden dagegen Manipulation, Druck machen oder übergeordnete Instanzen einschalten (Konflikte „nach oben" eskalieren) bezeichnet.

Arbeiten, welche die dunkle Triade mit mikropolitischen Taktiken in Verbindung setzen, wollen meist untersuchen, welche Einfluss- und Manipulationstaktiken Personen mit narzisstischen, machiavellistischen und psychopathischen Tendenzen einsetzen, um in Organisationen ihre Ziele zu realisieren. Das soll dazu beitragen, das Verhalten von dunklen Persönlichkeiten am Arbeitsplatz besser zu verstehen, um gezielte Interventionen abzuleiten oder zumindest besser verstehen zu können, welche Verhaltensweisen von diesen Personen zu erwarten sind.

Narzissten schmeicheln

So können z. B. Jonason et al. (2012) zeigen, dass Narzissten häufiger weiche Taktiken verwenden (Einschmeicheln, Komplimente, charismatische Appelle). Erleben sie das Verhalten ihres Gegenübers als persönlichen Angriff – was aufgrund ihres fragilen Selbstwerts schnell passieren kann – setzen sie aber auch harte Taktiken ein und reagieren feindselig und aggressiv.

Psychopathen machen Druck

Psychopathen setzen hauptsächlich auf harte Manipulationstaktiken wie Drohungen oder Schikane (Baughman, Dearing, Giammarco und Vernon, 2012), was auch auf ihre hohe Impulsivität und mangelnde soziale Hemmung zurückgeführt werden kann.

Machiavellisten taktieren

Machiavellisten hingegen sind weniger impulsiv als Psychopathen und zudem sehr misstrauisch. Sie agieren daher wahrscheinlich vorsichtiger und berücksichtigen auch eher die möglichen negativen Konsequenzen ihres Handelns (Williams, Nathanson und Paulhus, 2010), weshalb sie ihre Manipulationsversuche eher verschleiern als Psychopathen oder Narzissten.

Aktuelle Studie von Hendricks et al.

Sehr interessant fallen in diesem Zusammenhang auch die in ◘ Tab. 6.3 dargestellten Ergebnisse einer aktuellen Studie von Hendricks, Externbrink und Dries (2017) aus, die den Zusammenhang zwischen der dunklen Triade und mikropolitischen Taktiken bei 160 berufstätigen Masterstudenten untersuchten. Hier zeigt sich für alle drei Komponenten der dunklen Triade eine recht deutliche Präferenz für harte Taktiken. Insbesondere Machiavellisten bedienen sich aber scheinbar am gesamten Arsenal mikropolitischer Einfslussversuche. Die Ausnahme stellt in allen Fällen rationales Argumentieren dar, hier finden sich nur sehr kleine und z. T. negative Zusammenhänge.

Strukturiertheit des Kontexts

Mikropolitisches Taktieren tritt besonders häufig in unstrukturierten Kontexten auf, in denen es an klaren Zielen und gut definierten Prozessen mangelt oder Kontrollinstanzen fehlen. Denn dann entfalten sie ihre Wirkung am besten. In diesem Zusammenhang können auch Befunde interpretiert werden, die zeigen, dass Machiavellisten insbesondere in unstrukturierten Organisationen ihre individuelle Karriere gut vorantreiben können.

Tab. 6.3 Dark Traits und mikropolitische Taktiken (Hendricks et al. 2017)

	Narzissmus	Machiavellismus	Psychopathie
Manipulieren Unwahrheiten verbreiten, Informationen zurückhalten, eigene Absichten verbergen, Tatsachen verdrehen	.39	.66	.28
Druck machen sich offen gegen andere stellen, Konsequenzen ankündigen, seinen Ärger ausdrücken	.39	.41	.27
Übergeordnete Instanzen einschalten sich offiziell an höhere Vorgesetzte wenden, Rückendeckung von Autoritäten einholen	.44	.38	.18
Einschmeicheln andere überschwänglich loben, sich von seiner nettesten Seite zeigen	.36	.51	.05
Austausch anbieten Tauschgeschäfte und Gefälligkeiten anbieten, an frühere Gefälligkeiten erinnern	.31	.39	.13
Koalitionen bilden andere überzeugen, dass sie durch Mitwirkung eigene Interessen verwirklichen können	.23	.27	–.04
Rationales Begründen argumentieren, Zahlen, Daten und Fakten vorlegen, Sachkompetenz demonstrieren	.11	–.06	–.19

6.4 Führungsverhalten und Management-Derailment

Zusammenfassung
Management-Derailment beschreibt das Versagen vermeintlicher High Potentials. Die sozioanalytische Theorie erklärt, warum dunkle Persönlichkeitseigenschaften zum hierarchischen Aufstieg beitragen. Einmal aufgestiegen, entgleisen Führungskräfte mit hohen Werten in der dunklen Triade in der Mitarbeiter- und Unternehmensführung.

Ein Forschungsfeld, das in den letzten Jahren insbesondere aufgrund der gehäuften Skandale in wirtschaftlichen, medizinischen und auch religiösen Institutionen an Aufmerksamkeit gewonnen hat, ist Management-Derailment.

Managerversagen als entgleiste Karriere

Dieses Phänomen lässt sich kurz dadurch zusammenfassen, dass Führungskräfte untersucht werden, die eine steile Karriere gemacht haben und nun versagen, unethisch handeln und verheerende Fehlentscheidungen treffen, obwohl man ihnen vormals großes Potenzial zugesprochen hatte (vgl. Lombardo und McCauley 1988).

Kenneth Lay

Ein Beispiel hierfür ist der ehemalige CEO von Enron, Kenneth Lay. Seine akademische, politische und wirtschaftliche Laufbahn ist mehr als beeindruckend. Dennoch war er verantwortlich für eine der größten Pleiten der US-Geschichte in Höhe von 60 Mrd. US-Dollar und wurde wegen Bilanzbetrug und Anlegertäuschung verurteilt. Eine ausführliche Analyse der Geschehnisse bei Enron liefern Tourish und Vatcha (2005).

Finanzielle Schäden und zerstörte Arbeitsstrukturen

Birkhan (2014) definiert Management-Derailment als das „wiederholte und systematische Handeln oder Nichthandeln, welches finanzielle Schäden verursacht, Arbeitsstrukturen zerstört und die psychische Gesundheit der Mitarbeiter gefährdet" (S.2). Diese Definition stellt zwei Aspekte von Derailment besonders heraus. Zum einen das Scheitern in der Führung des Unternehmens (Management) und zum anderen in der Führung von Mitarbeitern und Teams (Leadership).

Ursachenforschung

Um die Diagnose und Vorhersage von Management-Derailment zu erleichtern, hat der Autor drei Determinanten von Managerversagen beschrieben (s. ◘ Tab. 6.4). Im Einzelnen sind das die persönlichen Dispositionen der Führungskraft, die berufliche Anforderungssituation und die Arbeitsumgebung. Diese Faktoren können sich wechselseitig stützen und gegenseitig beeinflussen. Management-Derailment lässt sich daher meist durch toxische Kombinationen dieser Einflussgrößen erklären.

Naheliegend ist die Überlegung, ob hier dunklen Persönlichkeitseigenschaften eine tragende Rolle im Sinne der persönlichen Dispositionen zukommt. Dabei gilt es im Folgenden unterschiedliche Fragen zu beantworten: Erstens, gelangen Narzissten, Machiavellisten oder Psychopathen überhaupt in verantwortungsvolle Positionen, und wenn ja, wie kann das passieren? Zweitens, wie verhalten sie sich als Manager und als Führungskräfte und in welcher Relation steht dies zu Management-Derailment?

◘ **Tab. 6.4** Ursachen für Management-Derailment nach Birkhan (2014)

Persönliche Dispositionen	Erfolg oder Versagen sind abhängig von Managementkompetenzen (z. B. strategisches Denken), innerem Antrieb (z. B. Leistungsmotivation), sozialen Kompetenzen (z. B. Empathie) sowie personalen Kompetenzen (z. B. einer realistischen Einschätzungen der eigenen Person).
Anforderungssituation	Die Überforderung der Führungskraft in einer veränderten Anforderungssituation kann Fehlverhalten und unethisches Vorgehen begünstigen. Dazu zählen insbesondere komplexe Problemfelder, unrealistische Ziele sowie der Mangel an finanziellen oder organisatorischen Ressourcen.
Arbeitsumgebung	Die Unternehmens- und Führungskultur kann Fehlverhalten erwarten, billigen oder ignorieren. Dadurch kann bei der Führungskraft z. B. der Eindruck entstehen, dass unethische Praktiken „von oben gewollt" sind, im Sinne von „Vieles ist erlaubt, solange es nur nicht auffällt".

Die sozioanalytische Theorie

Die sozioanalytische Theorie von Hogan und Blickle (2013) ist ein Ansatz, der Karriereerfolg in Organisationen beschreiben kann. Die Theorie basiert auf fünf Grundannahmen: Erstens, die Evolution des Menschen ist durch das Leben in sozialen Gruppen geprägt, zweitens, alle Gruppen haben eine Statushierarchie, drittens, Status und Akzeptanz in der Gruppe sind die primären Motivatoren des Menschen, weil sie das Überleben und den Fortpflanzungserfolg sichern, viertens, soziale Interaktion ist die Grundlage für das Erreichen aller Ziele, und fünftens, die Bedürfnisse nach Status („getting ahead") und Akzeptanz („getting along") können im Widerspruch zueinander stehen.

Ein Ansatz aus der Evolutionspsychologie

Zudem betrachten die Autoren die Persönlichkeit einer Person aus zwei Perspektiven: Identität und Reputation. Während sie mit Identität die Innensicht einer Person meinen (also wie sie sich selbst sieht, was sie erreichen will und wie sie von anderen gesehen werden möchte), beschreiben sie Reputation als Außensicht auf die Person (also als die Vorstellung, die andere von ihr haben und was sie von ihr erwarten). Damit wird die Reputation einer Person zum einen durch ihr Eindrucksmanagement und zum anderen durch die Rollenerwartungen, mit denen sie konfrontiert wird, beeinflusst. Eine positive Reputation wirkt sich günstig aus, denn sie ist die Basis für das Interaktionsverhalten und die Entscheidungen der anderen.

Identität vs. Reputation

Daraus lassen sich zunächst ganz allgemein verschiedene Lesarten der dunklen Triade im Sinne der sozioanalytischen Theorie ableiten:

Schlussfolgerungen für die dunkle Triade

Erstens, dass diese Personen sich durch starke Aufstiegsaspirationen („getting ahead") und gleichzeitig eine geringe Anschlussmotivation („getting along") auszeichnen (Jonason et al 2015).

Zweitens, dass bestimmte Verhaltensweisen von Narzissten, Machiavellisten und Psychopathen vor allem dann sehr negativ bewertet werden, wenn sie bei einem Mitarbeiter oder Kollegen beobachtet werden. Handelt es sich bei der Person allerdings um eine Führungskraft, so können sie als durchaus angemessen oder gar bewundernswert bewertet werden, weil sie oftmals mit den Rollenerwartungen korrespondieren, die an Manager und Führungskräfte gestellt werden. So argumentieren O'Boyle et al. (2012) und verweisen auf verschiedene Studien, die zeigen, dass selbstsicheres Auftreten, emotionale Distanz und die Fähigkeit, schwerwiegende Entscheidungen auf der Grundlage objektiver Kriterien zu treffen, nicht nur von Laien, sondern auch von vielen Experten mit der Wirksamkeit von Führung in Verbindung gebracht werden (z. B. Dorfman et al. 2004; Offermann et al. 1994).

Drittens, das Eindrucksmanagement ist entscheidend. Solange die Führungskraft ausreichend in der Lage ist, ihren Mangel an Integrität zu verbergen, wird sie in der Hierarchie weiter aufsteigen. So kann z. B. das Erreichen einer Führungsposition als Fähigkeit eines machiavellistischen Managers gewertet werden, seine dunkle Seite erfolgreich durch sozialkompetentes Auftreten zu verschleiern (Witt und Ferris 2003). Diese einführenden Überlegungen machen eine differenzierte Analyse der einzelnen Eigenschaften notwendig.

Narzissmus und Management-Derailment

Der Beurteilung narzisstischer Führung kann man sich am besten nähern, wenn man sich zwei klassische abhängige Variablen aus dem Traitansatz der Führungsforschung vor Augen hält: Emergenz und Effektivität von Führung.

Emergenz vs. Effektivität

Dabei beschreibt Emergenz den Prozess, indem jemand zum Anführer einer Gruppe wird, die zunächst als führerlose Gruppe begann. Dabei spielen unter anderem Wahlentscheidungen der Teammitglieder eine Rolle, es wäre aber zu kurz gegriffen um zu sagen, dass es sich bei emergenter Führung um gewählte Führung handelt. Vielmehr geht es um einen gruppendynamischen Prozess, an dessen Ende sich Führung über die Zeit ergeben oder herauskristallisiert hat. Effektivität hingegen kann als das Erreichen der betriebswirtschaftlichen Zielvorgaben auf der einen, und der Humankriterien des Führungserfolgs (z. B. Mirarbeitergesundheit und -entwicklung) auf der anderen Seite betrachtet werden. Gerade bei Narzissten stehen diese Kriterien nicht im Zusammenhang, vielmehr ergbit sich ein riskantes Spannungsfeld, das sich insbesondere dazu eignet, Management-Derailment zu erklären:

Aufstieg kommt vor dem Fall

Es spricht einige Evidenz dafür, dass es Narzissten besser als anderen Personen gelingt, in Führungspositionen zu gelangen. Dies untermauern etwa die drei von Brunell et al. (2008) durchgeführten Studien: Im Rahmen von führerlosen Gruppendiskussionen mit je vier Teilnehmern war Narzissmus ein guter Prädiktor dafür, ob ein Teilnehmer zum Anführer der Gruppe avancierte. Das hat unter anderem damit zu tun, dass ihnen aufgrund ihres selbstbewussten und dominanten Auftretens häufig ein erhebliches Ausmaß an Charisma zugeschrieben wird.

Gelernte Hilflosigkeit

Die Arbeit von Sankowsky (1995) liefert eine weitere interessante Erklärung für dieses Phänomen: Er spricht von charismatischen Narzissten und meint solche, die eine grandiose Visionen ausrufen und keinerlei Widerspruch zulassen. Sie verdrehen vorliegende Informationen so lange, bis sie zu ihren Ansichten passen, und reagieren sehr negativ auf gegenläufiges Feedback. Dem Wutanfall eines Narzissten ist kaum etwas entgegenzusetzen. Dadurch kann sich bei anderen eine Art erlernte Hilflosigkeit (Seligman 1974) einstellen, also die Einstellung, dass sie sich nicht durchsetzen können – egal was sie tun. Dies steht im Einklang mit den Ergebnissen von Judge et al. (2006), dass bei Narzissten die Selbsteinschätzung ihrer Effektivität als Führungskraft signifikant höher ausfällt als die Fremdbeurteilung.

What it takes

Auch Feldstudien zur Bedeutung von dunklen Persönlichkeitseigenschaften für das Aufsteigen in eine Führungsposition verweisen auf die besondere Bedeutung narzisstischer Tendenzen. Unter der Überschrift „What it takes" setzten Furnham et al. (2013) die Assessment Center Ergebnisse von über 6000 Managern mit der Zeitdauer bis zur nächsten Beförderung in eine höhere Führungsposition in Beziehung. In den Assessments wurden neben Intelligenztests, die Big Five mittels NEO-PIR und Aspekte der dunklen Triade mit dem Hogan Development Survey erfasst. Als wichtige Prädiktoren ergaben sich wenig überraschend neben der allgemeinen Intelligenz auch emotionale Stabilität, Extraversion und Gewissenhaftigkeit. Gleichzeitig zeichneten sich aber auch narzisstische Tendenzen als gute Prädiktoren aus: darunter z. B. überhöhtes Selbstvertrauen und die Neigung zu dramatischen Auftritten. Insgesamt waren insbesondere antisoziale Tendenzen positiv und soziale Orientierungen negativ mit der Beförderung assoziiert.

Machtmissbrauch

Wenn narzisstische Personen eine verantwortungsvolle Position erreicht haben, ist die Wahrscheinlichkeit hoch, dass sie entgleisen. Denn sie werden die damit verbundene Macht sowohl in der Führung ihrer Mitarbeiter, als auch in der Führung des Unternehmens für ihre Selbstbestätigung missbrauchen. Denn diese Position bietet ihnen eine gute Gelegenheit, ihr Anspruchsdenken auszuleben und ihr Bedürfnis nach Bewunderung zu befriedigen. Der Leistung ihrer Mitarbeiter zollen Narzissten keine Anerkennung. So zeigt etwa die Studie von Wisse et al. (2015), dass narzisstische Mitarbeiter von ihren Vorgesetzten als innovativer bewertet werden (insbesondere was die Verbreitung von neuen Ideen in der Organisation angeht). Dieser Effekt wird aber durch die Persönlichkeit der Führungskraft abgeschwächt. Ist diese selbst narzisstisch, fällt die Beurteilung der Mitarbeiterleistung negativer aus.

Positive Nebenwirkungen

Dennoch kann der Narzissmus der Führungskraft auch positive Konsequenzen für die Mitarbeiter haben. In einer Längsschnittstudie mit 811 Mitarbeitern aus deutschen Unternehmen zeigt die Studie von Volmer et al. (2016), dass der Narzissmus der Führungskraft im Gegensatz zu Machiavellismus und Psychopathie positive Effekte auf den Karriereerfolg der Mitarbeiter hatte. Die Autoren bieten eine Interpretation an, welche die hohe Egozentrik von Narzissten illustriert: Zwar kümmern sich Narzissten nicht um die Belange anderer oder setzen sich gar für deren Vorankommen ein. Jedoch liegt in Mitarbeiterentwicklung ein Ansatzpunkt, um eben diese für die eigene Zwecke auszunutzen und das eigene Bedürfnis nach Bewunderung zu befriedigen. Denn wenn ihre Mitarbeiter aufgrund einer vermeintlich einzigartigen Förderung ihr Potential entfalten oder in der Hierarchie aufsteigen, dann liegt genau darin eine Möglichkeit, um deren Erfolg auf die eigene Grandiosität zurückzuführen und sich selbst in deren Erfolg zu sonnen.

Das Hidden Profile Paradigma

In Teams unterdrücken narzisstische Personen den Austausch wichtiger Informationen. Das zeigt z. B. die Untersuchung von Nevicka et al. (2011) mit dem Hidden Profile Paradigma: Bei derartigen Studien werden Mitglieder von Problemlösungsgruppen mit unterschiedlichen Informationen ausgestattet, die sie erfolgreich integrieren müssen, um eine qualitativ hochwertige Lösung zu erzielen. In solchen Settings werden Narzissten zwar als effektive Anführer wahrgenommen, die Performance ihrer Gruppe fällt aber tatsächlich schlechter aus. Dies lässt sich so interpretieren, dass Narzissten aufgrund ihres hohen Selbstfokus vorschnelle Entscheidungen treffen, ohne die notwendigen Informationen der anderen Teammitglieder zu berücksichtigen (vgl. Brosi und Spörrle 2012).

Narzissmus bei CEOs

Mit Blick auf die Unternehmensführung ist die Untersuchung von Chatterjee und Hambrick (2007) aufschlussreich. Sie untersuchten die Auswirkungen von Narzissmus bei CEOs auf die Firmenstrategie und die Unternehmensleistung. Die Stichprobe umfasste 111 CEOs in der Computerindustrie im Zeitraum von 1992 bis 2004. Die Ausprägung narzisstischer Tendenzen wurde durch Dokumentenanalysen operationalisiert, etwa die Gehaltsdifferenz zu anderen Managern, die Darstellung des Managers in der Presse oder wie häufig der Manager in Interviews in der ersten Person singular argumentierte. Im Ergebnis zeigte sich, dass narzisstische CEOs risikoreiche Entscheidungen präferieren, die große Aufmerksamkeit erregen und hohe Gewinne, aber auch hohe Verluste nach sich ziehen können. Brosi und Spörrle (2012) interpretieren den Befund so, dass derartige Entscheidungen vorrangig die eigene Grandiosität unterstreichen sollen.

▪ Die Metaanalyse von Grijalva et al. (2015)

Möchte man die Erkenntnisse zu narzisstischer Führung zusammenfassen, dann bieten sich die Ergebnisse der Metaanalyse von Grijalva et al. (2015) an: Ihre Ergebnisse zeigen, dass erstens Narzissmus zwar die Emergenz von Führung begünstigt, aber nicht mit der Effektivität als Führungskraft korreliert, zweitens, dass sich die Emergenz narzisstischer Führung vor allem durch Extraversion erklären lässt, drittens, dass nur Selbst- aber keine Fremdbeurteilungen der Führungseffektivität mit Narzissmus korrelieren.

Kurvilineare Effekte

Viertens, dass es vielmehr eine kurvilineare Beziehung zwischen Narzissmus und Führungseffektivität gibt, dass also ein vermeintlich optimales, moderates Maß an Narzissmus bei Vorgesetzten existiert. Dies passt auch zu den weiter oben angeführten Ergebnissen von Wagner und Externbrink (2016), die ebenso nicht-lineare Beziehungen zwischen Narzissmus und Indikatoren des Berufserfolgs zeigen konnten.

▪ Machiavellismus und Management-Derailment

Machiavellisten streben nach der Erreichung und Erhaltung von Macht, notfalls mit unethischen Mitteln. Beim Aufstieg in verantwortungsvolle Positionen dürften sich vor allem ihre Fähigkeit zur Bildung beruflicher Netzwerke und ihr ausgeprägter Opportunismus (Sakalaki et al. 2007) förderlich auswirken.

Charisma

Machiavellismus geht ebenso wie Narzissmus mit einer verstärkten Zuschreibung von Charisma einher. Deluga (2001) führt dies auf die Gemeinsamkeiten beider Konstrukte zurück, die er insbesondere in der Ausstrahlung von Selbstbewusstsein und dem Bedürfnis andere zu beeinflussen sieht.

Autoritäre Führung

Insbesondere ihr misstrauischer und zynischer Blick auf den Menschen bringt allerdings Schwierigkeiten in der Mitarbeiterführung mit sich. So interessieren sich Machiavellisten nur wenig für die Belange ihrer Mitarbeiter und praktizieren häufiger einen autoritären Führungsstil, der durch starke Kontrolle geprägt und auf Befehl und Gehorsam ausgerichtet ist (Drory und Gluskinos 1980). Sie leben unethische Praktiken vor und fördern so auch ein unethisches, durch Misstrauen geprägtes Arbeitsklima und destruktives Verhalten im Team.

Trickle-downEffekt

Diesen Trickle-downEffekt erklären Den Hartog et al. (2013) so, dass machiavellistische Führung das Vertrauen der Mitarbeiter nicht nur in den Vorgesetzten, sondern auch in die gesamte Organisation untergräbt, weil im Unternehmen ein Machiavellist in der Führungsetage geduldet wird. Dementsprechend reagieren sie im Sinne ausgleichender Gerechtigkeit mit kontraproduktivem Arbeitsverhalten, um der Organisation zu schaden.

Zu langes Festhalten an eigenen Zielen

In der Unternehmensführung fokussieren sich Machiavellisten zu stark auf die eigenen Ziele und halten zu sehr an der eigenen Vision fest. Je mehr sie den Eindruck haben, die Kontrolle zu verlieren, desto eher verwenden sie manipulative Taktiken (vgl. Conger 1990).

Auch Machiavellisten können ethisch führen – wenn es sich lohnt.

Demgegenüber steht die hohe Anpassungsfähigkeit und persönliche Nutzenorientierung von Machiavellisten. So besitzen sie auch ein Repertoire an ethischen Verhaltensweisen, das sie dann einsetzen, wenn es sich für sie lohnt. So konnten Den Hartog und Belschak (2012) zeigen, dass Machiavellisten durchaus zu ethischer Führung in der Lage sind und dadurch bei ihren Mitarbeitern auch Einstellungen und Verhaltensweisen im Sinne der Organisation fördern können. Allerdings waren sie dabei nicht so erfolgreich wie andere Führungskräfte – wahrscheinlich, weil ethische Führung nicht im Einklang mit ihren Überzeugungen steht.

When the dark ones gain power

Insgesamt scheint also im Falle von Machiavellisten insbesondere der Interaktion zwischen persönlicher Disposition und Arbeitsumgebung – wie sie weiter oben im Modell von Birkhan (2014) angesprochen wird – eine besondere Bedeutung zuzukommen. Hier liefern auch Wisse und Sleebos (2016) einen interessanten Beitrag, die in ihrem Artikel „When the dark ones gain power" den Einfluss der Positionsmacht von Vorgesetzten auf den Zusammenhang zwischen ihrer Ausprägung auf der dunklen Triade und dem Ausmaß, in dem sie abwertende Führung in ihrem Team praktizierten, untersuchen. Die Analyse mit 225 Teams zeigte, dass machiavellistische Führungskräfte nur dann zu missbräuchlicher Führung tendierten, wenn sie über ausreichend Macht verfügten. Die individuelle Macht, so die Autoren, wirkt also als Verstärker (amplifier), der dazu beiträgt, dass Verhaltensdispositionen, persönliche Werthaltungen und Einsteillungen sich tatsächlich im Verhalten widerspiegeln und damit – im Falle von Machiavellismus – in missbräuchlicher Führung.

▪ Psychopathie

Wie bereits angeführt, kommen Babiak und Hare (2006) zu dem Ergebnis, dass Psychopathie unter Managern im Vergleich zur Gesamtbevölkerung überrepräsentiert ist. Diese und ähnliche Erkenntnisse haben zur Entstehung eines neuen Forschungsfeldes mit der Überschrift „Corporate Psychopaths" beigetragen.

The Corporate Psychopath

Dass Psychopathen schneller und erfolgreicher in Führungspositionen aufsteigen, liegt mitunter daran, dass auf den ersten Blick viele

Rollenanforderungen an erfolgreiche Manager mit ihren (subklinischen) Charakterzügen übereinstimmen (Smith und Lilienfeld 2013).

An der Oberfläche erscheinen sie draufgängerisch, ehrgeizig und intelligent. Dazu kommen ein dominantes Auftreten und die Bereitschaft, schnell und hart im Sinne des Unternehmens zu entscheiden (vgl. Dammann 2007, S. 98). So geht Psychopathie in einigen Untersuchungen mit besseren Investitionsentscheidungen (Shiv et al. 2005) und einem charismatischen Präsentationsstil (Babiak et al. 2010) einher.

Die destruktiven Konsequenzen stellen sich erst nach einer gewissen Zeit heraus. Denn durch ihre geringe Selbstkontrolle und hohe Kurzfristorientierung berücksichtigen Psychopathen kaum die langfristigen Konsequenzen ihrer Entscheidungen (Jonason und Trost 2012). Darüber hinaus führen ihre Unberechenbarkeit, Selbstbezogenheit und Freude am Schikanieren anderer zu einer systematischen Beeinträchtigung der Organisation (vgl. Dammann 2007, S. 98).

Laissez-faire und missbräuchliche Führung

Über mehrere aktuelle Studien hinweg zeigt sich, dass Corporate Psychopaths sich durch einen Laissez-faire-Führungsstil auszeichnen und sich zudem aggressiv und feindselig gegenüber ihren Mitarbeitern verhalten (Westerlaken und Woods 2013; Mathieu et al. 2015). Die Studien weisen insbesondere auf die Zusammenhänge mit missbräuchlicher Führung (abusive leadership) hin. Das Konstrukt umfasst das öffentliche Bloßstellen, Anschreien, Ignorieren oder Mobbing der Mitarbeiter (Tepper 2000). Logischerweise wirkt sich dieses Führungsverhalten wiederum negativ auf die Arbeitszufriedenheit und Motivation der Mitarbeiter und positiv auf ihre Kündigungsabsicht aus (Mathieu und Babiak 2015, 2016).

Case Studies zur Finanzkrise

Wie destruktiv sich Psychopathie in Vorstandsetagen auswirkt, zeigt Boddy (2011). Er skizziert, dass Corporate Psychopaths eine zentrale Rolle bei der Entstehung der Finanzkrise zwischen 2007 und 2008 spielten. Dabei sei besonders pikant, dass die gleichen Personen, die wahrschenlich die Finanzkrise durch ihre Gier und ihr unethisches Verhalten verursacht haben, später als Regierungsberater dabei helfen sollten, die Krise zu überwinden.

6.5 Kundeninteraktion und Verhandlungserfolg

Zusammenfassung
Persönliche Kundenorientierung erfordert Emotionsarbeit. Narzissten, Machiavellisten und Psychopathen verwenden in diesem Zusammenhang Oberflächenstrategien. Bei kurzfristigen Kontakten hinterlassen sie einen guten Eindruck, verhandeln und verkaufen erfolgreich. Stabile Kundenbeziehungen sind aber nicht zu erwarten.

Dass die Kunden- und Serviceorientierung einer Organisation den Unternehmensgewinn maßgeblich beeinflussen kann, ist unlängst gezeigt worden (z. B. Homburg 2000).

Serviceorientierung und Unternehmenserfolg

Parasuraman et al. (1988) haben verschiedene Faktoren ermittelt, die die Qualitätswahrnehmung einer Dienstleistung aufseiten des Kunden maßgeblich beeinflussen. Dazu zählen das Erscheinungsbild (Wie präsentieren sich Räume, Personal und Kommunikationsmittel?), die Zuverlässigkeit (Fähigkeit, den zugesagten Service verlässlich und genau auszuführen), das Entgegenkommen (Bereitschaft, Kunden zu helfen und sie aktiv zu unterstützen), die Kompetenz (Fähigkeit und Verbindlichkeit, die zu Vertrauenswürdigkeit führen) sowie die Empathie (Sich-Einstellen auf die individuellen Bedürfnisse des Kunden). In verschiedenen Studien kommt dabei dem tangiblen Umfeld durchweg die geringste und dem Verhalten der Mitarbeiter im Kundenkontakt die größte Bedeutung zu. Insofern ist die Frage relevant, welche Persönlichkeitseigenschaften gute von schlechten Kundenkontaktmitarbeitern unterscheiden und wie sich Narzissmus, Machiavellismus und Psychopathie an der Schnittstelle zum Kunden auswirken.

Darstellungsregeln im Umgang mit Kunden

Angesichts der hohen Bedeutung der persönlichen Interaktion für die warhgenommene Dienstleistungsqualität formulieren Organisationen wenig überraschend sog. Darstellungsregeln für den Kundenkontakt, d.h. der bewusste Umgang mit den eigenen Emotionen und denen der Kunden wird zu einem festen Teil der Arbeitsrolle, unabhängig davon, ob Kundenkontaktmitarbeiter diese Emotionen aktuell erleben oder nicht. Nerdinger (2012) spricht in diesem Kontext von der sog. Emotionsarbeit. Nach Hochschild (1990) lassen sich zwei Strategien beschreiben, die Kundenkontaktmitarbieter anwenden können, um Emotionsarbeit zu leisten:

Oberflächen- und Tiefenstrategien

Oberflächenstrategien umfassen das Vorspielen von Emotionen entsprechend der Darstellungsregeln unabhängig vom aktuellen emotionalen Zustand. Werden Tiefenstrategien angewendet, versuchen Dienstleister tatsächlich das zu fühlen, was sie fühlen sollen. Dies gelingt ihnen beispielsweise dadurch, dass sie gezielt Erinnerungen aktivieren, die mit den erwünschten Emotionen assoziiert sind. Grundsätzlich kann man von einer höheren Effektivität von Tiefenstrategien ausgehen, da das Vortäuschen von Emotionen von Kunden schneller erkannt wird und auch für den Mitarbeiter sehr kräftezehrend ist. Letzteres untermauert insbesondere die Metaanalyse von Mesmer-Magnus et al. (2012).

Aufgrund der generellen Unempfindlichkeit für die Emotionen anderer und auch der Schwierigkeiten im Bereich der effektiven Selbstregulation sollten mit dunklen Persönlichkeitseigenschaften vor allem die Anwendung von Oberflächenstrategien verbunden sein.

▪ Narzissten im Kundenkontakt

Wie im Modell von Parasuraman et al. (1988) zum Ausdruck kommt, ist es im Kundenkontakt wichtig dem Kunden gegenüber kompetent und zuverlässig aufzutreten, freundlich zu sein und sich in die Perspektive des Gegenübers hineinzuversetzen. Damit scheinen Narzissten auf den ersten Blick für den Kundenkontakt äußerst ungeeignet zu sein, zeichnen sie sich doch besonders durch eine geringe Bereitschaft zur Perspektivübernahme aus.

Narzissmus und der erste Eindruck

Dennoch weist Kruse (2016) darauf hin, dass Narzissten durchaus Eigenschaften aufweisen, die in der Kundeninteraktion hilfreich sein können. So weist sie etwa auf die Studie von Back et al. (2010) hin, die die Wirkung des nonverbalen Verhaltens von Narzissten auf andere in kurzen Vorstellungsrunden untersuchten. Hier zeigte sich, dass Narzissten aufgrund ihres charmanten Gesichtsausdrucks, ihrer selbstsicheren Bewegungen und ihres guten Aussehens einen positiven Eindruck bei anderen hinterließen. Dazu kommen noch die bereits zitierten Befunde von Jonason et al. (2012), die Narzissmus mit weichen Manipulationstechniken wie Einschmeicheln oder Komplimente-Machen in Beziehung bringen. Es ist also wahrscheinlich, dass Narzissten in der Kundeninteraktion durchaus erfolgreich bestimmte Emotionen vorspielen und so einen positiven Eindruck beim Kunden hinterlassen können.

Umgang mit schwierigen Kunden

Dies dürfte allerdings allenfalls für kurze Kundeninteraktionen und für verhältnismäßig unkomplizierte Kunden gelten. Schwierige und unhöfliche Kunden stellen generell eine Herausforderung für Mitarbeiter im Kundenkontakt dar (Goldberg und Grady 2007). Für narzisstische Persönlichkeiten mit einem äußerst fragilen Selbstwert sind diese Kunden aber eine noch wesentlich schwerer wiegende Belastung. Narzissten sind nämlich nicht in der Lage, sachliche und persönliche Kritik voneinander zu trennen und reagieren sehr feindselig und mit Abwertung auf die vermeintlichen Angriffe ihres Gegenübers.

▪ Machiavellisten im Kundenkontakt

Machiavellisten haben eine zynische Sicht auf den Menschen, glauben an den Erfolg manipulativer Taktiken und sind sehr nutzenorientiert. Es ist also wahrscheinlich, dass sie auch im Kundenkontakt bestimmte Emotionen vortäuschen und weitere Manipulationstechniken einsetzen, um den Umsatz zu steigern und so für sich den größtmöglichen Nutzen aus der Kundeninteraktion zu ziehen - etwa im Sinne einer erfolgsabhängigen Vergütung (vgl. Kruse 2016). Wenig überraschend hat sich die Forschung zu Machiavellismus im Kundenkontakt daher maßgeblich auf die Kontexte Vertrieb und Verhandlung fokussiert.

Machiavellisten im Vertrieb

So unterstreicht auch der Befund von Ricks und Fraedrich (1999), dass machiavellistische Vertriebsmitarbeiter bessere Verkaufsergebnisse erzielen. Sie argumentieren, dass der Verkaufsprozess vom Mitarbeiter erfordert, ein spezifisches Produkt bzw. eine Dienstleistung im bestmöglichen Licht darzustellen, Einwände des Kunden zu entkräften und den Verkaufsabschluss herbeizuführen. Dabei seien die Bereitschaft und die Fähigkeit zur Manipulation anderer durchaus hilfreich. Bereits Christie und Geis (1970) haben darauf hingewiesen, dass Machiavellisten erfolgreiche Verhandler sind und den kompetitiven Charakter von Verhandlungen mehr als andere schätzen.

Ein Risiko für die Kundenbindung

Dass sie auch in Verhandlungssituationen Gebrauch von unethischen Taktiken machen, zeigen die Ergebnisse von Ross und Robertson

(2000). In ihrer Studie mit Vertriebsmitarbeitern zeigten Machiavellisten eine höhere Bereitschaft, ihre Kunden anzulügen. Dass dies allerdings mit hohen Risiken verbunden ist und sich auch negativ auf die langfristige Kundenbeziehung auswirkt, steht wohl außer Frage.

▪ **Psychopathen im Kundenkontakt**

Mit Ausnahme der Arbeit von Kruse (2016) existieren für Psychopathen keine Befunde hinsichtlich des Kundenkontakts. Kruse zeigt, dass Psychopathen im Umgang mit Kunden ebenso wie Narzissten und Machiavellisten sog. Oberflächenstrategien anwenden, d.h. sie spielen dem Kunden Offenheit, Freundlichkeit und Einfühlungsvermögen vor.

Mangelnde Fähigkeit zur Impulskontrolle

Fraglich bleibt, wie lange sie diesen Eindruck aufrechterhalten können, denn aufgrund ihrer mangelnden Selbstkontrolle können sie unangemessene Verhaltensweisen nur schlecht unterdrücken. Das dürfte insbesondere dann der Fall sein, wenn sie mit unhöflichen oder gar fordernden Kunden in Kontakt kommen.

6.6 Stress und Stressresistenz

Zusammenfassung

Mit dem transaktionalen Stressmodell lassen sich spezifische Stressauslöser und Copingstrategien mit der dunklen Triade in Verbindung bringen. Narzissten werden besonders durch soziale Zurückweisung und negatives Feedback gestresst. Für Psychopathen hingegen stellt dies keinen Stressor dar. Machiavellisten dürften besonders gestresst auf ein inhibiertes Machtmotiv reagieren.

Wann geraten dunkle Persönlichkeiten unter Stress und wie reagieren sie darauf? Diese Frage ist zum einen für die gesundheitspsychologische Betrachtung interessant. Zum anderen dürften derartige Erkenntnisse aber auch für Organisationen von Interesse sein, zumal sie es ermöglichen, die Entgleisung dieser Personen und deren Auslösebedingungen besser zu verstehen.

▪ **Das transaktionale Stressmodell**

Hier kann die Stresstheorie von Lazarus (1991) weiterhelfen. Er geht davon aus, dass Stress in einem zweistufigen Prozess der Situationseinschätzung entsteht. Auf der ersten Stufe wird der vermeintliche Stressor als irrelevant, herausfordernd oder bedrohlich eingeschätzt. Die Beurteilung als bedrohlich zieht eine Prüfung der verfügbaren Ressourcen nach sich. Fällt diese ungünstig aus, entsteht Stress. Damit impliziert er auch, dass Personen auf dieselbe Situation sehr unterschiedlich reagieren. Während die einen eine Situation als Herausforderung erleben, können die anderen ausgeprägte Stressreaktionen zeigen. Weiter werden von der betroffenen Person Bewältigungsstrategien entworfen, die sowohl funktionale Verhaltensweisen (wie Informationssuche oder die Änderung der Arbeitsbedingungen) als auch dysfunktionale Verhaltensweisen (wie z.B. Aggressivität, Flucht oder Substanzmissbrauch) beinhalten können.

Persönlichkeit im Stressprozess

Sowohl bei der Bedrohlichkeitseinschätzung als auch beim Entwurf der Bewältigungsstrategien spielen Persönlichkeitseigenschaften eine wichtige Rolle; daher ergeben sich hier einige Anknüpfungspunkte für die dunkle Triade.

▪ Narzissmus und Stress

Bei Narzissten dürfte vor allem soziale Zurückweisung und Feedback, das nicht zu ihrem Selbstbild passt, zentrale Determinanten des Stresserlebens darstellen (Bogart et al. 2004).

Bewertungssituationen und soziale Zurückweisung

Immer dann, wenn Narzissten mit Informationen von außen konfrontiert werden, die nicht mit ihrem verzerrten Selbstbild übereinstimmen, erleben sie Stress. Das dürfte also sehr häufig der Fall sein. Daher ist die Basisrate für Cortisol – einem biologischen Stressmarker – bei narzisstischen Männern auch drei Mal so hoch wie in der Normalbevölkerung (Reinhardt et al. 2012).

Aufschlussreich ist hier zudem die Studie von Cheng et al. (2013). Die Autoren entwickeln ihre Vorhersagen auf der bereits skizzierten Theorie von Kohut, der davon ausgeht, dass hinter der selbstsicheren und extravertierten Fassade von Narzissten ein fragiler Selbstwert steht, der zu negativen Gefühlen wie Minderwertigkeit oder Scham beiträgt. Diese Auffassung legt nahe, dass narzisstische Personen besonders anfällig für negative Emotionen sind, weil diese bei ihnen Unsicherheit hervorrufen. Aversive Erfahrungen sollten demnach eine erhöhte Aktivität im Stresshormonsystem auslösen, die sich auf lange Sicht schädlich auf die Gesundheit auswirkt. Diese Vorhersage bestätigte sich, als die Autoren weibliche Versuchspersonen über einen Zeitraum von drei Tagen untersuchten. Je mehr die Versuchspersonen in ihren alltäglichen Aktivitäten mit negativen Emotionen konfrontiert waren, desto höher fielen bei narzisstischen Personen die Werte in zwei Biomarkern aus, die mit Stress in Verbindung stehen: Cortisol und Alpha-Amylase.

Abschneiden im Trier-Social-Stress-Test

Interessant sind neben diesen Feldstudien auch Laboruntersuchungen, die mit dem Trier-Social-Stress-Test (Kirschbaum et al. 1993) arbeiten. Bei diesem Verfahren werden die Probanden in zwei soziale Beurteilungssituationen gebracht. Die Teilnehmer werden in einen Raum geführt, in dem bereits drei Beurteiler mit einer Videokamera auf sie warten. Im ersten Teil werden die Teilnehmer gebeten, eine 5-minütige Präsentation vorzustellen, die per Video dokumentiert und später analysiert wird. Zuvor haben sie eine sehr kurze Zeit zur Vorbereitung erhalten. Die Beurteiler sind darauf trainiert, sich möglichst neutral zu verhalten und während des gesamten Tests ein „Pokerface“ aufzusetzen. Während den Teilnehmern in der Vorbereitungszeit zugesichert wurde, dass sie Flipcharts zur Visualisierung verwenden können, wird ihnen diese Möglichkeit direkt zu Beginn der Präsentationsphase wieder entzogen. Während der Präsentation beobachten die Beurteiler die Teilnehmer, ohne Kommentare abzugeben, und weisen lediglich in standardisierter Form darauf hin, dass die Präsentation fortgesetzt werden soll, wenn die Zeit für sie noch nicht abgelaufen ist. Unmittelbar danach folgt eine zweite Komponente zum Kopfrechnen. Die Teilnehmer sollen fünf Minuten lang von 1022 in 13er-Schritten rückwärts zählen. Dabei müssen sie wieder von vorne beginnen, wenn sie einen Fehler machen. Dieser Test löst sehr zuverlässig Stress aus, bei Narzissten sind die Effekte aber wesentlich höher. Sie zeigen eine höhere kardiovaskuläre Reaktivität und Cortisolausschüttung als Probanden mit geringeren narzisstischen Tendenzen (Edelstein et al. 2010; Kelsey et al. 2001; Sommer et al. 2009).

Defensive Strategien zur Stressbewältigung

Wie gehen Narzissten mit Stress um? In sozialen Bewertungssituationen stehen Narzissten unter besonderem Stress, weil sie ständig versuchen, den Widerspruch zwischen ihrem eigenen unrealistischen Selbstbild und ihrer dahinter zurückbleibenden Performance zu schließen. Um mit diesen Minderwertigkeitsgefühlen fertig zu werden, verwenden Narzissten defensive Strategien, um ihr fragiles Selbst von Bedrohungen abzuschirmen. Das beinhaltet auch, dass Narzissten verstärkt aggressives Verhalten zeigen, wenn sie kritisiert werden (Martinez et al. 2008; Bushman und Baumeister 1998). Dafür spricht auch die Untersuchung von Reinhardt et al. (2012), in der sie den erhöhten Cortisolspiegel von Narzissten mit deren Aggressivität in Beziehung setzen. Wenig überraschend ist in diesem Zusammenhang auch, dass Narzissten sich häufig mit Personen umgeben, die ihnen unterlegen sind oder ihrem Selbstbild schmeicheln (Campbell 1999) – denn so kommt Stress gar nicht erst auf.

▪ Machiavellismus und Stress

Gemmil und Heisler (1972) zeigten, dass machiavellistische Manager häufiger Stress am Arbeitsplatz erleben. Dieses Ergebnis ist aber nicht unumstritten, und es liegen weniger konsistente Befunde vor als beispielsweise für Narzissmus.

Inkonsistente Befunde

Denn auf der einen Seite sind Machiavellisten kühle Taktiker, die sich durch berechnendes und vorsichtiges Verhalten auszeichnen. Daher ist auch die Vermutung naheliegend, dass Machiavellismus zur Stressresistenz beitragen kann. Auf der anderen Seite werden sie aufgrund ihres hohen Misstrauens das Verhalten anderer oft als hinterlistig und bedrohlich einschätzen. Dazu kommt, dass die Verwendung von Manipulationstechniken oft zu herausfordernden Situationen führen kann, die aber nicht immer bewältigbar sind. Wie oben bereits beschrieben, gehen Machiavellisten immer wieder das Risiko ein, enttarnt zu werden, was zu Widerständen bei ihren Kollegen, Mitarbeitern und Vorgesetzten führen kann.

Wenn Macht krank macht

Hier könnte ein wichtiger Ansatzpunkt liegen, um spezifische Stressauslöser von Machiavellisten zu identifizieren. Denn es ist durchaus wahrscheinlich, dass Machiavellisten insbesondere in solchen Situationen Stress erleben, in denen sie ihr starkes Bedürfnis nach Macht, Kontrolle und Status nicht ausleben können. Diese Überlegung steht in engem Zusammenhang mit den Arbeiten von McClelland (1989). Er hat sich besonders mit den physiologischen Reaktionen beschäftigt, die eintreten, wenn ein starkes Machtmotiv aufgrund äußerer Hemmungen oder Widerstände unterdrückt wird. Viele Autoren haben seine Arbeiten daher unter die treffende Überschrift „Wenn Macht krank macht" gestellt. So zeigt er, dass ein inhibiertes Machtmotiv mit höheren Noradrenalin- und niedrigeren Immunglobulinkonzentrationen einhergeht. Personen mit einem unter Stress stehenden Machtmotiv trinken mehr Alkohol und berichten von höherem Blutdruck sowie häufigen Erkrankungen (vgl. Schneider und Schmalt 2000).

Als Bewältigungsstrategie kommt hier wahrscheinlich kontraproduktives Arbeitsverhalten in Frage. Denn dem Machiavellisten ist jedes Mittel recht, um seine Ziele zu erreichen; dabei schreckt er auch vor unethischem Verhalten nicht zurück.

▪ Psychopathie und Stressresistenz

In ihrem Psychopathic Personality Inventory definieren Lilienfeld und Andrews (1996) Furchtlosigkeit, Kaltherzigkeit und Stressresistenz als wichtige Merkmale der Psychopathie. In der Tat haben negative Bewertungen oder soziale Zurückweisung nur eine geringe Wirkung auf Psychopathen.

Experimente zur sozialen Zurückweisung

So verwendeten O'Leary et al. (2010) in ihrer Untersuchung neben oben beschriebenem Trier-Social-Stress-Test auch das Social Rejection Paradigma (Twenge et al. 2003) als zweite Variante der Stressinduktion. Hier sollen sechs unbekannte Teilnehmer zunächst für 15 Minuten eine Gruppenaufgabe lösen. Alle tragen gut sichtbare Namensschilder. Anschließend werden sie voneinander getrennt und darüber informiert, dass sie im Anschluss mit einer Person aus der Gruppe noch eine gemeinsame Laboraufgabe bearbeiten sollen. Dazu sollen sie zwei vormalige Gruppenmitglieder benennen, mit denen sie am liebsten zusammenarbeiten würden. Nach kurzer Zeit kommt der Versuchsleiter zurück und informiert die Versuchsperson darüber, dass sie die Laboraufgabe allein bearbeiten muss, weil niemand mit ihr zusammenarbeiten wollte. Im Ergebnis zeigt sich, dass psychopathische Personen sowohl im Trier-Social-Stress-Test als auch bei der Konfrontation mit sozialer Zurückweisung eine signifikant geringere Cortisolreaktion zeigen.

Vor diesem Hintergrund stellt Kevin Dutton (2012) in seinem unterhaltsamen, aber vielleicht auch nicht ganz ernst gemeinten Buch „The Wisdom of Psychopaths" dar, dass man von Heiligen, Anwälten und Serienmördern u.a. die überragende Fähigkeit zum Stressmanagement lernen könne. Auch wenn die Situationen um einen Psychopathen an Dramatik zunehmen, bleibt er kaltblütig und zeigt sich stressresistent.

Literatur

Ajzen, I. (1991). The theory of planned behavior. *Organizational Behavior and Human Decision Processes, 50*, 179–211.

Alcorn Jr, M. W. (1997). *Narcissism and the literary libido: Rhetoric, text, and subjectivity.* New York City: NYU Press.

Austin, E. J., Farrelly, D., Black, C., & Moore, H. (2007). Emotional intelligence, Machiavellianism and emotional manipulation: Does EI have a dark side? *Personality and Individual Differences, 43*, 179–189.
Babiak, P., & Hare, R. D. (2006). *Snakes in suits: When psychopaths go to work*. New York: Harper Collins.
Babiak, P., Neumann, C. S., & Hare, R. D. (2010). Corporate psychopathy: Talking the walk. *Behavioral Sciences & the Law, 28*(2), 174–193.
Back, M. D., Schmukle, S. C., & Egloff, B. (2010). Why are narcissists so charming at first sight? Decoding the narcissism–popularity link at zero acquaintance. *Journal of Personality and Social Psychology, 98*(1), 132–145.
Baughman, H. M., Dearing, S., Giammarco, E., & Vernon, P. A. (2012). Relationships between bullying behaviours and the dark triad: A study with adults. *Personality and Individual Differences, 52*(5), 571–575.
Bennett, R. J., & Robinson, S. L. (2000). Development of a measure of workplace deviance. *Journal of Applied Psychology, 85*(3), 349.
Birkhan, G. (2014). MvD: Anmerkungen zu Forschung und Methodik. *Wirtschaftspsychologie, 3/2014*, 7–13.
Blickle, G. (1995). Wie beeinflussen Personen erfolgreich Vorgesetzte, KollegInnen und Untergebene? Skalenentwicklung und-validierung. *Diagnostica, 41(3)*, 245–260.
Blickle, G., & Gönner, S. (1999). Studien zur Validierung eines Inventars zur Erfassung intraorganisationaler Einflussstrategien. *Diagnostica, 45(1)*, 35–46.
Boddy, C. R. (2011). *The Corporate Psychopaths Theory of the Global Financial Crisis. Journal of Business, 102*(2), 255–259.
Bogart, L. M., Benotsch, E. G., & Pavlovic, J. D. P. (2004). Feeling superior but threatened: The relation of narcissism to social comparison. *Basic and Applied Social Psychology, 26*, 35–44.
Bolino, M. C. (1999). Citizenship and impression management: Good soldiers or good actors?. *Academy of Management Review, 24*(1), 82–98.
Borman, W.C., & Motowidlo, S.J. (1997). Task performance and contextual performance: The meaning for personnel selection research. *Human Performance, 10*, 99–109.
Brosi, P., & Spörrle, M. (2012). Die dunkle Seite der Führung: Negatives Führungsverhalten, dysfunktionale Persönlichkeitsmerkmale und situative Einflussfaktoren. In: S. Grote (Hrsg.), *Die Zukunft der Führung* (269–290). Heidelberg: Springer.
Brunell, A. B., Gentry, W. A., Campbell, W. K., Hoffman, B. J., Kuhnert, K. W., & DeMarree, K. G. (2008). Leader emergence: The case of the narcissistic leader. *Personality and Social Psychology Bulletin, 34*(12), 1663–1676.
Bushman, B. J., Baumeister, R. F. (1998). Threatened egotism, narcissism, self-esteem, and direct and displaced aggression: Does self-love or self-hate lead to violence? *Journal of Personality and Social Psychology, 75(1)*, 219–229.
Campbell, W. K. (1999). Narcissism and romantic attraction. *Journal of Personality and Social Psychology, 77(6)*, 1254–1270.
Campbell, W. K., Hoffman, B. J., Campbell, S. M., & Marchisio, G. (2011). Narcissism in organizational contexts. *Human Resource Management Review, 21*, 268–284.
Chatterjee, A., & Hambrick, D. C. (2007). It's all about me: Narcissistic chief executive officers and their effects on company strategy and performance. *Administrative Science Quarterly, 52*(3), 351–386.
Cheng, J. T., Tracy, J. L., & Miller, G. E. (2013). Are narcissists hardy or vulnerable? The role of narcissism in the production of stress-related biomarkers in response to emotional distress. *Emotion, 13*(6), 1004–1011.
Christie, R., & Geis, F.L. (1970). *Studies in Machiavellianism*. New York: Academic Press.
Conger, J.A. (1990). The dark side of leadership. *Organizational Dynamics, 19*, 44–55.
Cropanzano, R., & Mitchell, M. S. (2005). Social exchange theory: An interdisciplinary review. *Journal of Management, 31*(6), 874–900.
Dammann, G. (2007). Narzissten, Egomanen, Psychopathen in der Führungsetage. Bern: Haupt.

Deluga, R. J. (2001). American presidential Machiavellianism: Implications for charismatic leadership and rated performance. *The Leadership Quarterly, 12*(3), 339–363.

Den Hartog, D. N., & Belschak, F. D. (2012). Work engagement and Machiavellianism in the ethical leadership process. *Journal of Business Ethics, 107*(1), 35–47.

Den Hartog, D. N., Belschak, F.D., & Muhammad, R. S. (2013). *The toxic combination of Machiavellian leaders and Machiavellian followers.* Paper presented at the 16th congress of the European Association of Work and Organizational Psychology, Muenster.

Dorfman, P. W., Hanges, P. J., & Brodbeck, F. C. (2004). Leadership and cultural variation. In R. J. House, P. J. Hanges, M. Javidan, P. W. Dorfman, & V. Gupta (Hrsg.), *Culture leadership and organizations: The GLOBE study of 62 societies* (669–722). London: Sage.

Drory, A., & Gluskinos, U. M. (1980). Machiavellianism and leadership. *Journal of Applied Psychology, 65*(1), 81.

Dutton, K. (2012). *The wisdom of psychopaths: What saints, spies, and serial killers can teach us about success.* Macmillan:London.

Edelstein, R. S., Yim, I. S., & Quas, J. A. (2010). Narcissism predicts heightened cortisol reactivity to a psychosocial stressor in men. *Journal of Research in Personality, 44(5)*, 565–572.

Furnham, A., Crump, J., & Ritchie, W. (2013). What it takes: Ability, demographic, bright and dark side trait correlates of years to promotion. *Personality and Individual Differences, 55*(8), 952–956.

Furnham, A., Hyde, G., & Trickey, G. (2014). Do your dark side traits fit? Dysfunctional personalities in different work sectors. *Applied Psychology, 63*(4), 589–606.

Gemmill, G. R., & Heisler, W. J. (1972). Machiavellianism as a factor in managerial job strain, job satisfaction, and upward mobility. *Academy of Management Journal, 15(1)*, 51–62.

Goldberg, L. S., & Grandey, A. A. (2007). Display rules versus display autonomy: emotion regulation, emotional exhaustion, and task performance in a call center simulation. *Journal of occupational health psychology, 12*(3), 301.

Grijalva, E., Harms, P. D., Newman, D. A., Gaddis, B. H., & Fraley, R. C. (2015). Narcissism and leadership: A meta-analytic review of linear and nonlinear relationships. *Personnel Psychology, 68*(1), 1–47.

Hare, R. D., & Neumann, C. S. (2009). Psychopathy: Assessment and forensic implications. *Canadian Journal of Psychiatry, 54*, 791–802.

Hendricks, P., Externbrink, K., & Dries, C. (2017). *Die dunkle Triade und mikropolitische Taktiken – Eine Untersuchung zur Kriteriumsvalidität von ki.risk.* Präsentation auf der 21. Fachtagung der Gesellschaft für angewandte Wirtschaftspsychologie, Es handelt sich um einen Kongressbeitrag, daher kann ich nur noch die Kongressdaten weiter spezifizieren: 02. bis 04. März 2017, Darmstadt Deutschland.

Hochschild, A. (1990) *Das gekaufte Herz. Zur Kommerzialisierung der Gefühle.* Frankfurt am Main: Campus

Hogan, R., & Blickle, G. (2013). Socioanalytic theory. In N. D. Christiansen & R. P. Tett (Hrsg.), *Handbook of personality at work* (S. 53–70). New York: Routledge.

Holland, J. L. (1997). *Making vocational choices: A theory of vocational personalities and work environments.* Lutz, Florida: Psychological Assessment Resources.

Homburg, C. (2000). *Kundennähe von Industriegüterunternehmen.* Wiesbaden: Springer.

Hossiep, R., & Ringelband, O. (2014). Psychopathische Persönlichkeitsfacetten im Top-Management: Persönlichkeitseigenschaften und Derailment-Risiken von Top-Managern. *Wirtschaftspsychologie, 3/2014*, 21–27.

Jonason, P. K., Slomski, S., & Partyka, J. (2012). The dark triad at work: How toxic employees get their way. *Personality and Individual Differences, 52*(3), 449–453.

Jonason, P. K., Wee, S., Li, N. P., & Jackson, C. (2014). Occupational niches and the Dark Triad traits. *Personality and Individual Differences, 69*, 119–123.

Jonason, P. K., Wee, S., & Li, N. P. (2015). Competition, autonomy, and prestige: Mechanisms through which the Dark Triad predict job satisfaction. *Personality and Individual Differences*, *72*, 112–116.

Judge, T. A., LePine, J. A., & Rich, B. L. (2006). Loving yourself abundantly: Relationship of the narcissistic personality to self- and other perceptions of workplace deviance, leadership, and task and contextual performance. *Journal of Applied Psychology*, *91*, 762–776.

Kelsey, R. M., Ornduff, S. R., McCann, C. M., & Reiff, S. (2001). Psychophysiological characteristics of narcissism during active and passive coping. *Psychophysiology, 38(02)*, 292–303.

Kipnis, D., Schmidt, S. M., & Wilkinson, I. (1980). Intraorganizational influence tactics: Explorations in getting one's way. *Journal of Applied Psychology*, *65*(4), 440–452.

Kirschbaum, C., Pirke, K.-M., & Hellhammer, D. H. (1993). The,Trier Social Stress Test': a tool for investigating psychobiological stress responses in a laboratory setting. *Neuropsychobiology*, *28*, 76–81.

Kish-Gephart, J., Harrison, D. A., & Trevino, L. K. (2010). Bad apples, bad cases, and bad barrels: Meta-analytic evidence about sources of unethical decisions at work. *Journal of Applied Psychology*, *95*, 1–31.

Kruse, S. (2016). Die Dunkle Triade im Dienstleistungskontext. Einfluss auf die Emotionsarbeit und Konsequenzen für den Angestellten. Wiesbaden: Sringer Gabler.

Lazarus, R.S. (1991). *Emotion and adaptation*. Oxford, UK: Oxford University Press.

Lilienfeld, S. O., & Andrews, B. P. (1996). Development and preliminary validation of a self-report measure of psychopathic personality traits in noncriminal population. *Journal of personality assessment*, *66(3)*, 488–524.

Lombardo, M. M., & McCauley, C. D. (1988). *The dynamics of management derailment. Technical Report (No. 34)*. Greenboro, NC: Center of Creative Leadership.

Mathieu, C., & Babiak, P. (2015). Tell me who you are, I'll tell you how you lead: Beyond the Full-Range Leadership Model, the role of corporate psychopathy on employee attitudes. *Personality and Individual Differences*, *87*, 8–12.

Mathieu, C., & Babiak, P. (2016). Corporate psychopathy and abusive supervision: Their influence on employees' job satisfaction and turnover intentions. *Personality and Individual Differences*, *91*, 102–106.

Mathieu, C., Neumann, C., Babiak, P., & Hare, R. D. (2015). Corporate Psychopathy and the Full-Range Leadership Model. *Assessment*, *22*(3), 267–278.

Mesmer-Magnus, J. R., DeChurch, L. A., & Wax, A. (2012). Moving emotional labor beyond surface and deep acting: A discordance-congruence perspective. *Organizational Psychology Review*, *2*, 6–53

Morf, C. C., & Rhodewalt, F. (2001). Unraveling the paradoxes of narcissism: A dynamic self-regulatory processing model. *Psychological inquiry*, *12*(4), 177–196.

Moser, K., Soucek, R., & Hassel, A. (2014). Berufliche Entwicklung und organisationale Sozialisation. In H. Schuler & U. P. Kanning (Hrsg.), *Lehrbuch der Personalpsychologie* (3. Aufl., S. 449–500). Göttingen: Hogrefe.

Motowidlo, S.J. (2003). Job performance. In I. B. Weiner (Series Ed.), W. C. Borman, D. R. Ilgen & R. J. Klimoski (Hrsg.), *Handbook of Psychology – Volume 12: Industrial and Organizational Psychology* (39–53). Hoboken, NJ: John Wiley & Sons.

Nerdinger, F. W. (2012). Emotionsarbeit im Dienstleistungsbereich. *Report Psychotlogie*, *37*(1), 8–18.

Nerdinger, F. W. (2014). Gravitation und organisationale Sozialisation. In: F. W. Nerdinger, G. Blickle & N. Schaper (Hrsg.), *Arbeits-und Organisationspsychologie* (S. 7182). Berlin: Springer-Verlag.

Neuberger, O. (1995). *Mikropolitik*. Stuttgart: Enke.

Nevicka, B., Ten Velden, F. S., De Hoogh, A. H., & Van Vianen, A. E. (2011). Reality at odds with perceptions narcissistic leaders and group performance. *Psychological Science*, *22*(10), 1259–1264.

O'Boyle, E. H., Forsyth, D. R., Banks, G. C. & McDaniel, M. A. (2012). A meta-analysis of the dark triad and work behavior: A social exchange perspective. *Journal of Applied Psychology*, *97*(3), 557–579.

Offerman, L. R., Kennedy, J., & Wirtz, P. W. (1994). Implicit leadership theory: Content, structure and generalizability. *Leadership Quarterly*, *5*, 43–58.

O'Leary, M. M., Taylor, J., & Eckel, L. (2010). Psychopathic personality traits and cortisol response to stress: the role of sex, type of stressor, and menstrual phase. *Hormones and behavior*, *58(2)*, 250–256.

Organ, D. W. (1988). *Organizational citizenship behavior: The good soldier syndrome*. Lexington, Massachusetts: Lexington Books/DC Heath and Com.

Parasuraman, A., Zeithaml, V. A., & Berry, L. L. (1988). Servqual. *Journal of Retailing*, *64(1)*, 12–40.

Penney, L. M., & Spector, P. E. (2002). Narcissism and counterproductive work behavior: Do bigger egos mean bigger problems? *International Journal of Selection and Assessment*, *10*, 126–134.

Reinhard, D. A., Konrath, S. H., Lopez, W. D., & Cameron, H. G. (2012). Expensive egos: narcissistic males have higher cortisol. *PloS One*, *7*(1), DOI: 10.1371/annotation/1c60eca3-794f-4a09-8a82-e43ed3cc2009.

Ricks, J., & Fraedrich, J. (1999). The paradox of Machiavellianism: Machiavellianism may make for productive sales but poor management reviews. *Journal of Business Ethics*, *20*(3), 197–205.

Ross, W. T., & Robertson, D. C. (2000). Lying: The impact of decision context. *Business Ethics Quarterly*, *10*(2), 409–440.

Rotundo, M., & Sackett, P.R. (2002). The relative importance of task, citizenship, and counterproductive performance to global ratings of job performance: A policy-capturing approach. *Journal of Applied Psychology*, *87*, 66–80.

Sakalaki, M., Richardson, C., & Thépaut, Y. (2007). Machiavellianism and economic opportunism. *Journal of Applied Social Psychology*, *37*(6), 1181–1190.

Salovey, P., & Mayer, J. D. (1990). Emotional intelligence. *Imagination, Cognition and Personality*, *9*(3), 185–211.

Sankowsky, D. (1995). The charismatic leader as narcissist: Understanding the abuse of power. *Organizational Dynamics*, *23*(4), 57–71.

Schmidt, R. M., & Kipnis, D. (1984). Managers' persuit of individual and organizational goals. *Human Relations*, *37*, 781–794.

Schneider, K., & Schmalt, H.-D. (2000). *Motivation*. 3., überarbeitete und erweiterte Auflage. Stuttgart: Kohlhammer.

Schneider, B., Smith, D. B., & Goldstein, H. W. (2000). *Attraction–selection–attrition: Toward a person–environment psychology of organizations*. New Jersey, United States: Lawrence Erlbaum Associates Publishers.

Schneider, T. J., McLarnon, M. J., & Carswell, J. J. (2015). Career Interests, Personality, and the Dark Triad. *Journal of Career Assessment*, *25*(2), 338–351.

Schütte, N., & Blickle, G. (2016). Psychopathie am Arbeitsplatz – eine mehrdimensionale Analyse, *Wirtschaftspsychologie aktuell 2/2016*, 9–12.

Seligman, M. E. (1974). *Depression and learned helplessness*. Hoboken, New Jersey: John Wiley & Sons.

Shiv, B., Loewenstein, G., & Bechara, A. (2005). The dark side of emotion in decision-making: When individuals with decreased emotional reactions make more advantageous decisions. *Cognitive Brain Research*, *23(1)*, 85–92.

Six, B. (2014). Theorie des geplanten Verhaltens. In M. A. Wirtz (Hrsg.), *Dorsch – Lexikon der Psychologie* (17. Aufl., S. 1664). Bern: Verlag Hans Huber.

Smith, S. F., & Lilienfeld, S. O. (2013). Psychopathy in the workplace: The knowns and unknowns. *Aggression and Violent Behavior*, *8*, 204–218.

Spurk, D., Keller, A. C., & Hirschi, A. (2016). Do bad guys get ahead or fall behind? Relationships of the dark triad of personality with objective and subjective career success. *Social Psychological and Personality Science*, *7*(2), 113–121.

Tepper, B. J. (2000). Consequences of abusive supervision. *Academy of Management Journal*, *43(2)*, 178–190.

Thibaut, J. W., & Kelley, H. H. (1959). *The social psychology of groups*. New York, NY: Wiley.

Tourish, D., & Vatcha, N. (2005). Charismatic leadership and corporate cultism at Enron: The elimination of dissent, the promotion of conformity and organizational collapse. *Leadership, 1(4)*, 455–480.

Twenge, J. M., & Campbell, W. K. (2003). "Isn't it fun to get the respect that we're going to deserve?" Narcissism, social rejection, and aggression. *Personality and Social Psychology Bulletin, 29(2)*, 261–272.

Volmer, J., Koch, I. K., & Göritz, A. S. (2016). The bright and dark sides of leaders' dark triad traits: Effects on subordinates' career success and well-being. *Personality and Individual Differences, 101*, 413–418.

Wagner, H., & Externbrink, K. (2016). *Validierung eines berufsbezogenen Persönlichkeitsfragebogens zur Erfassung von Derailmentfaktoren: Das Managerial Risk Profile*. 20. Fachtagung der Gesellschaft für angewandte Wirtschaftspsychologie, Hamburg.

Westerlaken, K. M., & Woods, P. R. (2013). The relationship between psychopathy and the Full Range Leadership Model. *Personality and Individual Differences, 54(1)*, 41–46.

Williams, K. M., Nathanson, C., & Paulhus, D. L. (2010). Identifying and profiling scholastic cheaters: Their personality, cognitive ability, and motivation. *Journal of Experimental Psychology: Applied, 16*(3), 293–307.

Wisse, B., Barelds, D. P., & Rietzschel, E. F. (2015). How innovative is your employee? The role of employee and supervisor Dark Triad personality traits in supervisor perceptions of employee innovative behavior. *Personality and Individual Differences, 82*, 158–162.

Wisse, B., & Sleebos, E. (2016). When the dark ones gain power: Perceived position power strengthens the effect of supervisor Machiavellianism on abusive supervision in work teams. *Personality and Individual Differences, 99*, 122–126.

Witt, L. A., & Ferris, G. R. (2003). Social skill as moderator of the conscientiousness–performance relationship: Convergent results across four studies. *Journal of Applied Psychology, 88*, 809–821.

Zhao, H., Zhang, H., & Xu, Y. (2016). Does the Dark Triad of personality predict corrupt intention? The mediating role of belief in good luck. *Frontiers in psychology, 7*, DOI: 10.3389/fpsyg.2016.00608.

Interventionen

K. Externbrink, M. Keil, *Narzissmus, Machiavellismus und Psychopathie in Organisationen*,
DOI 10.1007/978-3-658-17239-8_7

Zusammenfassung
Um den dysfunktionalen Effekten dunkler Persönlichkeitseigenschaften präventiv zu begegnen und negative Auswirkungen eindämmen zu können, stehen neben den Mitteln der professionellen Personaldiagnostik außerdem Methoden zur Förderung der individuellen Selbstreflexion sowie zur Steigerung der organisationalen Robustheit zur Verfügung. Eine multiperspektivische und multimodale Behandlung von Narzissten, Machiavellisten und Psychopathen ist daher zwingend, stellt die sich wappnende Organisation jedoch auch vor Herausforderungen struktureller und finanzieller Art. Einen der größten Präventionshebel hat aufgrund ihres organisationalen Gewichts die Personalführung.

Human Resource Management Cycle

Was können Organisationen tun, um das aufgespannte Problemfeld zu adressieren? Eine Frage, die bisher in der Literatur zu wenig Aufmerksamkeit erfahren hat. Als grundlegendes Rahmenmodell orientieren wir uns dabei am Human Resource Management Cycle, der die zentralen Ansatzpunkte des HRM im Sinne einer Input-, Prozess- und Outputkontrolle begreift. Unter Berücksichtigung der Erkenntnisse aus den vorangegangenen Kapiteln sowie der aktuell verfügbaren Evidenz fokussieren wir uns dabei auf die Handlungsfelder: Personaldiagnostik, Personalführung, Personalentwicklung und Organisationsgestaltung.

7.1 Personaldiagnostik

Zusammenfassung
Management-Derailment entsteht, weil ungeeignete Personen für Führungspositionen ausgewählt werden. Wenngleich man dysfunktionale Persönlichkeitseigenschaften nur schwer im Selektionskontext erfassen kann, so helfen dennoch die allgemeinen Standards guter Personaldiagnostik. Neben speziellen Anforderungsprofilen können Assessments helfen, die die Selbstregulation der Kandidaten fokussieren und dem trimodalen Ansatz folgen.

Wie die vorangegangenen Ausführungen gezeigt haben, besteht ein Risiko dunkler Persönlichkeitseigenschaften insbesondere darin, dass sie durchaus zuträglich für den Aufstieg in Managementpositionen sein können: Das mit diesen Eigenschaften assoziierte Verhalten steht häufig mit den von Managern erwarteten Verhaltensweisen und ihren Rollenanforderungen in Einklang und kann damit partiell auch für den Erfolg in verantwortungsvollen Positionen hilfreich sein. Auf der anderen Seite verhalten sich Narzissten, Machiavellisten und Psychopathen äußerst destruktiv und können im Sinne des Management-Derailment der Organisation erheblichen Schaden zufügen. Naheliegend ist daher die Frage, welchen Beitrag die Management-Diagnostik zur Lösung dieses Problems beitragen kann, um zu verhindern, dass dunklen Persönlichkeiten Führungskompetenz attestiert wird. Denn wie Kanning (2014) treffend bemerkt, ist Management-Derailment häufig die Folge einer falschen Personalauswahl, d. h. es wird Personen Führungspotential zugesprochen, bei denen es nicht vorhanden ist.

Probleme in der Diagnostik dysfunktionaler Traits

Gleichzeitig kann man hier allerdings auch keinen allzu großen Optimismus verbreiten. So verweisen z. B. Hossiep und Ringelband (2014) auf die besondere Herausforderung, dunkle Persönlichkeiten auszuselektieren, ohne dabei nicht auch Personen mit besonders ausgeprägter Leistungs-, Führungs- und Gestaltungsmotivation zu verlieren, bei denen kein Derailment-Risiko besteht. Zudem seien dysfunktionale Persönlichkeitseigenschaften überhaupt schwer zu detektieren, da die herkömmlichen Persönlichkeitsfragebogen im Selektionssetting wahrscheinlich anfällig für soziale Erwünschtheit seien (s. ▶ Kap. 5) und beispielsweise Psychopathen – zumindest in kurzfristigen Interaktionen – quasi „auf Knopfdruck" Empathie vorspielen und so ihre dunkle Seite vor dem Diagnostiker verbergen könnten. Als drittes Problem weisen sie auf das Argument von Sattelberger (2013) hin, dass psychopathische Manager vermehrt weitere Manager mit ähnlicher Persönlichkeitsstruktur nachziehen, sodass es schwerfallen dürfte, diesen Prozess durch externe Gutachten von Diagnostikern zu durchbrechen.

Standards der Personaldiagnostik

Dennoch kann man sich durchaus behelfen, indem man sich bei Auswahlprozessen für Führungskräfte im Allgemeinen an den Standards guter psychologischer Diagnostik orientiert und im Speziellen explizit auf das Derailment-Risiko eines Kandidaten achtet.

Fehlende Orientierung an Evidenz

Das ist keineswegs trivial, da viele Unternehmen diese Standards nicht berücksichtigen und auch nur selten das professionelle Wissen dazu vorhanden ist (s. ◘ Tab. 7.1). So zeigt z. B. der groß angelegte Wissenstest von Rynes et al. (2002), dass nur die wenigsten HR-Manager überhaupt über ein nennenswertes HR-Evidenzwissen verfügen. Auch liest weniger als ein Prozent der Verantwortlichen regelmäßig die relevante Literatur. Einige Faktoren, die die mangelnde Evidenzorientierung in Organisationen erklären, schildern Externbrink und Dormann (2013).

Empfehlungen von Kanning und Birkhan

Wie man sieht, gibt es in der Praxis der Eignungsdiagnostik noch erhebliches Verbesserungspotenzial. Kanning (2014) und Birkhan (2014) haben jeweils unabhängig voneinander recht ähnliche und sehr praxistaugliche Empfehlungen für die Management-Diagnostik

◘ **Tab. 7.1** Klassische Fehler in der Eignungsdiagnostik deutscher Unternehmen (Kanning 2014)
Es fehlen differenzierte Anforderungsanalysen (Stephan und Westhoff 2002).
Auswahlprozesse basieren häufig auf unstrukturierten Interviews (ebd.).
In Auswahlprozessen werden nur selten kognitive Leistungstests eingesetzt (Schuler et al. 2007).
Die eingesetzten Persönlichkeitsfragebogen sind qualitativ minderwertig (Kanning 2013).
Wenn Assessment Center durchgeführt werden, werden entsprechende Qualitätsstandards ignoriert (Boltz et al. 2009).

abgegeben, um mit dem Problem des Managerversagens umgehen zu können, die wir im Folgenden zusammenfassen und um einige eigene Anmerkungen ergänzen.

Expliziter Fokus auf Management-Derailment

Jedes Auswahlverfahren sollte im Sinne des trimodalen Ansatzes (Schuler 2000), der in ◘ Abb. 7.1 dargestellt ist, explizit das Derailment-Risiko eines Kandidaten berücksichtigen, also ob und in welchen Situationen Kandidaten überfordert sein und scheitern könnten. Das hat Konsequenzen für die Anforderungsanalyse, die Interviewtechnik, die eingesetzten Tests und Fragebogen sowie die Verwendung von Simulationsverfahren.

Differenzierte Anforderungsanalysen

Das Anforderungsprofil sollte den Autoren folgend also nicht nur Kompetenzen enthalten, die positiv mit Führungserfolg korrelieren, sondern auch solche, die negativ damit assoziiert sind, also z. B. auch dunkle Persönlichkeitsmerkmale. Zur Identifikation von (dys-)funktionalen Kompetenzen eignet sich u. a. die Critical Incident Technik (Flanagan 1954), weil hier nicht nur nach Verhaltensweisen geforscht wird, die in der Zielposition erfolgreich sind, sondern auch nach solchen, die Misserfolg nach sich ziehen (vgl. Kanning 2014).

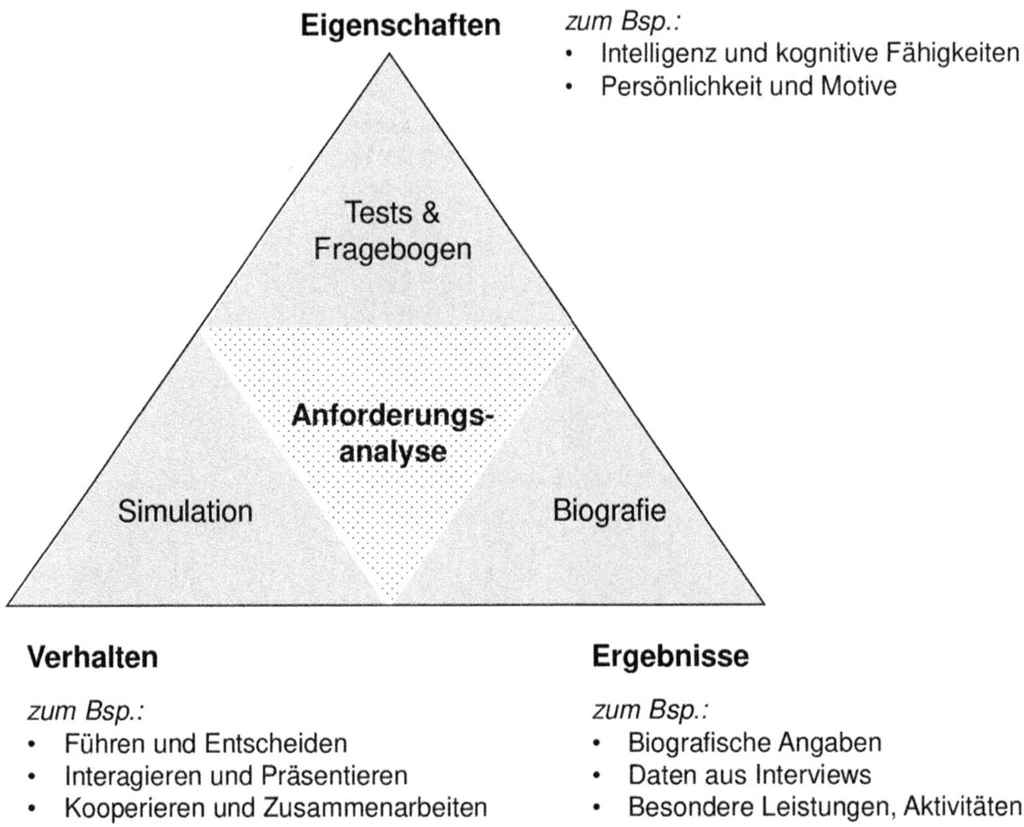

◘ **Abb. 7.1** Der trimodale Ansatz in der Eignungsdiagnostik; adaptiert nach Schuler (2000) © Hogrefe.

Das Anforderungsprofil sollte zusätzlich die notwendige Ausprägung der Kompetenzen beinhalten. Dabei sollten neben Mindestwerten auch Obergrenzen definiert werden. Das hat den Hintergrund, dass Eigenschaften wie Dominanz, Wettbewerbsorientierung oder mikropolitisches Geschick häufig erst dann dysfunktional werden, wenn sie zu stark ausgeprägt sind. In der Tat gehen einige Autoren davon aus – und können auch empirisch zeigen –, dass auch vermeintlich positive Personenvariablen, wie etwa Gewissenhaftigkeit eigentlich in einem kurvilinearen, also umgekehrt u-förmigen Zusammenhang mit Arbeitsleistung stehen (Le et al. 2011).

▪ Biographieorientierte Verfahren

Dem biografischen Interview (Sarges 2011) kommt im Hinblick auf Management-Derailment eine besondere Bedeutung zu, denn mit diesem Ansatz kann man sowohl das Selbstkonzept der Person explorieren als auch Auslösersituationen und Rahmenbedingungen identifizieren, die dysfunktionales Verhalten fördern (vgl. Birkhan 2014).

Biographische Interviews

Dazu kann man sich an Schlüsselerlebnissen im Lebenslauf der Person orientieren und auf ihre Reaktionen (z. B. Umgang mit Misserfolgen) und ihre subjektiven Theorien zur Erklärung dieser Situationen eingehen (z. B. realistische Attribution vs. Externalisieren von Schuld).

Die Psychopathie-Checkliste

Hossiep und Ringelband (2014) verweisen auf die in ◘ Tab. 7.2 dargestellte Psychopathie-Checkliste von Robert Hare (1991) als biografieorientierte Checkliste zur Identifikation psychopathischer Neigungen. Dabei muss man allerdings dazusagen, dass es sich bei der PCL-R zwar um den Goldstandard in der Diagnostik von Psychopathie handelt, es aber zum einen auf klinische Psychopathie und kriminelles Verhalten ausgerichtet und zum anderen mit sehr hohem Aufwand verbunden ist. Wir möchten diese Empfehlung also eher als Anregung verstehen.

◘ **Tab. 7.2** Die Psychopathie-Checkliste (PCL-R; Hare 1991)

Dimension 1: Ausnutzen anderer zum eigenen Vorteil	Dimension 2: Impulsivität
• Sprachgewandter Blender mit oberflächlichem Charme, unterhaltsam • Erheblich übersteigertes Selbstwertgefühl, Fähigkeitsüberschätzung • Krankhaftes Lügen und Betrügen als Bestandteil des Umgangs mit anderen • Manipulatives, trickreiches Verhalten, um Vorteile zu realisieren • Fehlende Reue bzw. Anteilnahme • Oberflächliche Gefühle, flacher Affekt • Gefühlskälte, Mangel an Empathie • Fehlende Verantwortungsübernahme	• Stimulationsbedürfnis, Erlebnishunger • Beabsichtigter parasitärer Lebensstil • Geringe Verhaltenskontrolle, reizbar, Aggressionsneigung bei Frustration • Frühzeitige Verhaltensprobleme (vor dem 12. Lebensjahr, z. B. Diebstahl) • Fehlen langfristiger Ziele und einer realistischen Lebensplanung • allgemeine Impulsivität • Jugendkriminalität • Verstoß gegen Bewährungsauflagen im Erwachsenenalter

Konstruktorientierte Verfahren

Insbesondere Persönlichkeitsfragebogen besitzen das Potenzial, um dunkle Facetten der Persönlichkeit objektiv, reliabel und valide zu erfassen. Es ist aber fraglich, ob sich die bisher vorliegenden und weiter oben beschriebenen Instrumente für den Einsatz im Selektionssetting eignen. Dazu liegen auch nur wenige Untersuchungen vor.

Eine Alternative bildet der Hogan Development Survey (Hogan und Hogan 2001), der mit insgesamt 12 Derailment-Faktoren auch Aspekte der dunklen Triade erfasst (Douglas et al. 2012). Daneben existieren auch Integritätstests, wie das Inventar berufsbezogener Einstellungen und Selbsteinschätzungen (IBES; Marcus 2006) oder das Persönlichkeitsinventar zur Integritätsabschätzung (PIA, S und F Personalpsychologie 2000), die jedoch in der Vergangenheit nicht kritiklos betrachtet wurden (z. B. Hossiep und Bräutigam 2007).

Selbstregulationsstärke und Ich-Erschöpfung Ein weiterer wichtiger Ansatzpunkt für die konstruktorientierte Diagnostik liegt auch in der Erfassung der Selbstregulationsstärke der Kandidaten, da es sich hierbei um eine Eigenschaft handelt, die insbesondere Personen mit psychopathischen Zügen fehlt.

Dem Ego-Depletion Modell von Baumeister et al. (1998) folgend, wird Selbstkontrolle von einer individuell limitierten psychologischen Basiskapazität bestimmt, die sich gut eignet, um den Erfolg in einer Vielzahl von Lebensbereichen vorherzusagen. Die entsprechende Skala von Tangney et al. (2004) umfasst die Komponenten: sich selbst führen, impulsives Verhalten unterdrücken, gesund leben, und sich am Arbeitsplatz kontrollieren (dazu auch Stumm, Dormann und Thomas 2010).

Leadership breaking bad

Dass die individuelle Kapazität zur Selbstkontrolle in beträchtlichem Ausmaß dazu beiträgt, ob ethisch oder missbräuchlich geführt wird, zeigt die Untersuchung von Lin et al. (2016). In ihrer Tagebuchstudie zeigte sich, dass ethisches Führungsverhalten an einem Tag ein stärkeres Ausmaß missbräuchlicher Führung am nächsten Tag nach sich zieht. Das lässt sich dadurch erklären, dass ethische Führung die Selbstkontrolle sehr stark beansprucht. Nach der Ego-Depletion-Theorie sind unsere Selbstkontrollressourcen nicht nur begrenzt, sondern können auch über die Zeit ermüden und bedürfen einer entsprechenden Erholung. Wenn nicht genügend Zeit zur Regeneration bleibt oder die Beanspruchung besonders stark ausfällt, entsteht der Zustand der Ich-Erschöpfung, in dem wir negative Impulse weniger unterdrücken können, uns schlecht im Griff haben und weniger auf andere eingehen können. Augenscheinlich begünstigt die Ich-Erschöpfung das Auftreten missbräuchlicher Führung. Dazu passen auch die Ergebnisse von Yam et al. (2016). Die Autoren argumentieren ebenfalls auf Basis der Ego-Depletion Theorie und zeigen, dass Führungskräfte sich ihren Mitarbeitern häufig missbräuchlicher gegenüber verhalten, wenn ihre Selbstkontrollresourcen durch anstrengende Kundeninteraktionen beansprucht werden. Insgesamt lassen sich also Personen mit einem hohen Ausmaß an Selbstregulationsstärke als weniger anfällig für das Entgleisen als Führungskraft charakterisieren.

▪ Antwortformate in Persölichkeitsfragebogen

Selbst wenn es damit auf den ersten Blick durchaus Möglichkeiten gibt, bestimmte Persönlichkeitsinventare einzusetzen, so haben diese Instrumente doch alle gemeinsam, dass ihr Antwortformat sozial erwünschtes Antwortverhalten erlaubt. Ein wichtiger Beitrag zukünftiger Forschung dürften daher Instrumente zur Messung im Forced-Choice-Format darstellen.

Das Forced-Choice-Format

Das Forced-Choice-Format entspricht gleichsam einer erzwungenen Wahl durch den Probanden. Präsentiert werden meist Blöcke von mehreren gleich attraktiven respektive gleich unattraktiven Fragebogenitems. Der Proband muss dann nicht wie beim Likert-Format auf einer fünf- oder sechsstufigen Skala die einfache Zustimmung oder den spezifischen Ausprägungsgrad einer Eigenschaft angeben, sondern muss sich in der vorgegebenen Itemauswahl für die Aussage entscheiden, die am meisten bzw. am wenigsten auf ihn oder sie zutrifft. Damit werden die individuellen Präferenzen klarer und die Verfälschung wird erheblich erschwert. Einige Instrumente liefern in der Auswertung zusätzlich einen Konsistenzwert, der angibt, wie einheitlich sich der Kandidat für die eine oder andere Aussage entschieden hat.

Occupational Personality Questionnaire

Damit ist dieses Antwortformat besser geeignet, um sozial erwünschtem Antworten entgegenzuwirken und auch die prognostische Validität noch weiter zu steigern. Dafür spricht zum Beispiel die Metaanalyse von Salgado und Tauriz (2014). Ein diesbezüglich vielversprechender Persönlichkeitsfragebogen ist der Occupational Personality Questionnaire (OPQ; SHL 2006), der allerdings keine subklinischen Persönlichkeitszüge erfasst.

▪ Kognitive Leistungstests

Im Zusammenhang mit Management-Derailment können außerdem kognitive Leistungstests als Indikatoren für die Management-Skills herangezogen werden.

Hogan Judgement

Zu nennen sind insbesondere der Hogan Judgement (Hogan Assessment Systems 2014) oder der NMG (SHL 2006), die beide für Zwecke der Managementdiagnostik entwickelt wurden. Insbesondere der NMG zeichnet sich durch eine hohe Augenscheinvalidität und gute Akzeptanzwerte bei den Kandidaten aus. Insofern derartige Verfahren jedoch zumeist nur die Fähigkeit zur Lösung isolierter Probleme unter Zeitdruck erfassen, sollten sie um komplexere Fallstudien ergänzt werden.

▪ Simulationsorientierte Verfahren

Mit Blick auf Management-Derailment geht es in der Management-Diagnostik auch darum, einen Einblick in Situationen zu erhalten, die von Kandidaten als Herausforderung erlebt werden oder diese überfordern können. Hier können auch simulationsorientierte Verfahren einen Beitrag leisten.

Fallstudien und Rollenspiele

Während sich Fallstudien und Präsentationsübungen zur Messung von Management-Skills eignen und mit einigem Aufwand auch das Verhalten in ethisch herausfordernden Situationen prüfen können, sind Rollenspiele geeignet, um die Leadership-Skills in den Blick zu nehmen. Hier kann z. B. auch darauf geachtet werden, wie sich der Kandidat verhält, wenn er von Mitarbeitern kritisiert oder mit Widerstand konfrontiert wird.

Zeitdauer des Auswahlverfahrens

Insgesamt lässt sich ebenfalls anmerken, dass multimethodale Verfahren wesentlich länger dauern als beispielsweise ein einfaches Interview. Das heißt u. a. auch, dass es für Narzissten, Psychopathen und Machiavellisten schwieriger wird, ihr Eindrucksmanagement beizubehalten. Denn die verschiedenen Tests und Übungen beanspruchen die Selbstkontrollkapazität, was zumindest die Wahrscheinlichkeit erhöht, dass man irgendwann „in das wahre Gesicht" eines Kandidaten blickt.

7.2 Personalentwicklung

Zusammenfassung
Die wichtigsten Ansatzpunkte für die Personalentwicklung bilden die Bereiche Selbstwahrnehmung, Sozialkompetenz und Selbstregulation. Wichtige Instrumente sind das 360-Grad-Feedback und die regelmäßige Personalbeurteilung. Während Verhaltenstrainings zu kurz greifen, bietet Coaching die Möglichkeit, an grundlegenderen Themen, wie etwa dem eigenen Menschenbild, zu arbeiten. Letzteres ist allerdings nicht nur sehr schwierig, sondern auch mit Risiken und Nebenwirkungen verbunden.

Narzissmus, Machiavellismus und Psychopathie sind Persönlichkeitseigenschaften und damit als stabile, überdauernde Verhaltensdispositionen mit z. T. biologischen Ursachen nur schwer veränderbar. Insbesondere wenn man sich die mangelnde Empfänglichkeit von Narzissten für Feedback, den Zynismus und das Misstrauen von Machiavellisten oder die Externalisierung und Impulsivität von Psychopathen vorstellt, wird schnell klar, dass es wohl keinen Berater gibt, der sich über derartige Personen als Trainingsteilnehmer freuen würde. Wichtig ist allerdings, dass wir uns hier mit dem subklinischen Bereich beschäftigen, also mit Mitarbeitern und Führungskräften mit destruktiven Tendenzen, und keine Persönlichkeitsstörung therapieren wollen.

Ansatzpunkte für Personalentwicklung nach Hogan et al.

Dem Versuch, diese Mitarbeiter in der Organisation zu entwickeln, kann man sich also mit verhaltenem Optimismus nähern, wenn man sich an drei zentralen Ansatzpunkten aus der Derailment-Literatur orientiert: Hierzu skizzieren und ergänzen wir im Folgenden die Ausführungen von Hogan, Hogan und Kaiser (2010), die erstens auf die Erhöhung der Selbstwahrnehmung sowie zweitens die Stärkung der Sozialkompetenz und drittens die Steigerung der Fähigkeit zur

Selbstregulation abzielen. Diese Stellgrößen können mit unterschiedlichen Personalentwicklungsmethoden angegangen werden, wie es beispielsweise bei Kanning (2014) oder Hossiep und Ringelband (2014) weiter konkretisiert wird.

■ 360-Grad-Feedback und Leistungsbeurteilung

Führungskräfte erhalten nur sehr selten realistisches Feedback, u. a., weil die Informationen, die „von unten" an sie weitergeleitet werden, oft positiver und vereinfachter dargestellt werden als sie eigentlich sind (vgl. Hossiep 2014).

Fehlendes Feedback

Damit fällt es schwer zu erkennen, ob sich die eigenen Stärken langsam zu Schwächen wandeln, ob man mit seinen Vorstellungen eigentlich noch auf dem richtigen Kurs ist oder ob in der aktuellen Anforderungssituation vormals latente Schwächen nun langsam zutage treten. Diese Dynamik wird natürlich umso mehr verstärkt, je negativer, abwertender oder wütender beispielsweise die narzisstische Führungskraft auf negative Rückmeldung reagiert. So ist die Gefahr groß, dass der Führungskraft ihr Erfolg zu Kopf steigt oder sie im Sinne der Selbstüberschätzung die Bodenhaftung verliert (vgl. Westermann 2012).

Geringe Selbstwahrnehmung

Hogan und Kollegen sprechen sich daher dafür aus, dass Manager ihre Selbstwahrnehmung in zwei Bereichen verbessern müssen. Erstens müssen sie erkennen, wie sie von anderen Personen wahrgenommen werden, und zweitens müssen sie sich über ihre dunklen Seiten bewusst werden.

Insbesondere für den ersten Bereich kommt dem 360-Grad-Feedback und der Leistungsbeurteilung eine besondere Bedeutung zu. 360-Grad-Feedback ist ein objektives, reliables und valides Verfahren zur Messung beruflicher Kompetenzen, das der Führungskraft ein umfangreiches Feedback zu ihrem Leistungsverhalten in unterschiedlichen Arbeitszusammenhängen – etwa in der Interaktion mit Vorgesetzten, Kollegen, Mitarbeitern und Kunden – ermöglicht (Conway und Huffcutt 1997).

Validität von 360-Grad Feedback

Die empirischen Befunde zu dieser Personalentwicklungsmethode legen nahe, dass sie gut geeignet ist, um die Selbstwahrnehmung zu steigern und Verhaltensänderungen zu bewirken, wenn auch nur in kleinem bis moderatem Maße. So zeigt z. B. die Längsschnittstudie von Walker und Smither (1999) über einen Zeitraum von fünf Jahren die signifikanten Leistungsverbesserungen von Führungskräften infolge von Aufwärtsbeurteilungen. Die Metaanalyse von Smither et al. (2005) über 24 Längsschnittstudien legt außerdem nahe, dass die Leistungsverbesserung insbesondere dann unterstützt wird, wenn aus den Feedbackergebnissen persönliche Entwicklungsziele abgeleitet werden. Ähnlich wie bei den oben beschriebenen Anforderungsprofilen in der Managementdiagnostik sollten hier positive und negative Eigenschaften inklusive ihrer minimalen und maximalen Ausprägungsgrade betrachtet werden (s.a. Lombardo und Eichinger 2006; Kanning 2014). Dabei sollte insbesondere der Mitarbeiterperspektive besondere Beachtung geschenkt werden, da es eben häufig diese Beurteilergruppe ist, die destruktive oder missbräuchliche Führung unmittelbar erlebt. In der Praxis ergeben sich hier jedoch häufig Probleme mit der Anonymität der Befragten, denn verständlicherweise fürchten sie sich davor, von ihrer Führungskraft identifiziert werden zu können. Außerdem ist aus offensichtlichen Gründen davon abzuraten, die durchaus gängige Praxis zu verfolgen, dass die Feedbackempfänger sich ihre Rater selbst aussuchen.

Institutionalisierte Personalbeurteilung

Ebenso hilfreich ist in diesem Zusammenhang auch die regelmäßige Leistungsbeurteilung der Person. Sie geht aber noch weiter als das 360-Grad-Feedback, weil sie kein singulärer, sondern ein regelmäßiger Prozess ist und mehr Gewicht hat. Sie stellt also eine wichtige Form der sozialen und formalen Kontrolle in Organisationen dar (vgl. Hossiep und Ringelband 2014) und bietet außerdem die Möglichkeit, Warnsignale – also Indizien für drohendes Derailment bei der beurteilten Person – frühzeitig zu erkennen und mit weiteren Personalentwicklungsmaßnahmen gegenzusteuern (vgl. Kanning 2014). Im Idealfall entsprechen die Dimensionen der Leistungsbeurteilung dem empirisch ermittelten Anforderungsprofil und werden auf der Basis von Verhaltensankern operationalisiert. Für eine diagnostisch wertvolle Beurteilung ist außerdem die Schulung der Beurteiler von großer Bedeutung. Das zeigt z. B. die Metaanalyse von Woehr und Huffcutt (1994).

Wenn es darum geht, die Einsicht der betroffenen Personen in ihre dunkle Seite zu fördern, so bietet sich hier das gesamte oben bereits ausführlich beschriebene Methodenspektrum der Management-Diagnostik an. Gleichzeitig ist aber auch hier davon auszugehen, dass es kein Einfaches sein dürfte, Personen mit hohen Werten auf der dunklen Triade einen Spiegel vorzuhalten. So hinterfragen und kritisieren Narzissten beispielsweise diagnostische Verfahren wesentlich intensiver und stellen die Assessoren häufiger als inkompetent oder unsympathisch dar (Kernis und Sun 1994). Das gilt zumindest für den Fall, in dem sie negativ bewertet werden.

■ Training

Neben der Steigerung der Selbstwahrnehmung liegen weitere Ziele im Ausbau der sozialen Kompetenzen und der Verbesserung der Selbstregulation. Als eine der effektivsten Trainingsmethoden für behaviorale Lernziele – wie sie etwa den Umgang mit Mitarbeitern betreffen – gilt das Behavior Modeling (Burke und Day 1986). Im Kern geht es dabei für die Teilnehmer darum, das gewünschte Arbeitsverhalten bei Rollenmodellen zu beobachten, anhand von zuvor gemeinsam erarbeiteten Lernpunkten zu diskutieren und schließlich in alltagsnahen Rollenspielen zu erproben. Der Trainer nutzt dabei informative und soziale Verstärkung sowie die Beobachtungen aus der Gruppe, um das Erlernen der jeweiligen Verhaltensmuster optimal zu unterstützen. Dies sollte z. B. um Follow-up-Maßnahmen ergänzt werden, die den Transfer des Gelernten in den Arbeitsalltag unterstützen.

Dabei lässt sich allerdings die Trainierbarkeit von Personen mit hohen Werten auf der dunklen Triade durchaus infrage stellen. Denn die Persönlichkeit der Trainingsteilnehmer stellt eine zentrale

Einflussvariable für das Erlernen neuer Verhaltensweisen und auch für den Transfer von Trainingsinhalten in die berufliche Praxis dar (Aguinis und Kraiger 2009; Colquitt et al. 2000). Dementsprechend wirkt sich beispielsweise auch im Kontext von Trainings die Neigung von Narzissten, negatives Feedback abzuwerten und den Trainer infrage zu stellen, negativ auf die avisierte Verhaltensänderung aus (Hogan 2007).

Längsschnittstudie von Harms et al. (2011)

Aufschlussreich ist ferner die Längsschnittstudie von Harms et al. (2011), die die Bedeutung subklinischer Persönlichkeitseigenschaften in der Entwicklung von Führungskräften untersuchten. Die Autoren stellten heraus, dass dunkle Persönlichkeitseigenschaften nicht nur negativ mit einer Veränderung des Führungsverhaltens assoziiert waren, sondern auch die Weiterentwicklung der Personen signifikant verlangsamten. Interessanterweise stellte Narzissmus eine Ausnahme dar, da er sich positiv auf die Verhaltensänderung auswirkte und die Weiterentwicklung der Teilnehmer auch nicht so stark behinderte. Unter Berücksichtigung vermeintlich funktionaler Eigenschaften von Narzissmus (etwa dem Wunsch, „der oder die Beste zu sein") interpretieren die Autoren den Befund so, dass Narzissten sich in Development-Settings mehr anstrengen als andere Personen.

Verhaltenstrainings greifen zu kurz

Hinzu kommt, dass die Wirksamkeit von verhaltensorientierten Trainings wie etwa dem Behavior Modeling bei unserer Fragestellung nicht überschätzt werden darf. Denn sie versuchen zwar das Verhalten an der Oberfläche zu verändern, lassen aber intrapersonale Aspekte wie Impulskontrolle und Selbstregulation außer Acht (Hogan et al. 2010). Erfolgreiche Interventionen müssen also über den Versuch der reinen Verhaltenssteuerung hinausgehen und die Ursachen für das Verhalten identifizieren. Dies spricht für Coaching als Methode der Personalentwicklung.

▪ Coaching

Coaching lässt sich ganz allgemein beschreiben als eine kurz- bis langfristige Beziehung zwischen Führungskraft und Coach mit dem Ziel der arbeitsbezogenen Leistungssteigerung (Feldman und Lankau 2005).

Ein Sparringspartner für die Führungskraft

Der Coach ist dabei weniger Experte oder Problemlöser als vielmehr ein „Sparringspartner", der dem Coachee „Hilfe zur Selbsthilfe" anbietet. Neuere Überlegungen deuten auf das Potenzial der positiven Psychologie für das Coaching von Führungskräften hin (Externbrink et al. 2015). Aufgrund der hohen Individualität von Coachingprozessen in Zielsetzung und Methoden ist es schwer, die Wirksamkeit von Coaching empirisch zu evaluieren. Unter den methodisch höherwertigen Studien ist die Untersuchung von Smither et al. (2002) zu nennen. Die Autoren zeigen eine Steigerung der Performancebeurteilung durch den Vorgesetzten als Folge von Einzelcoaching.

Wichtige Fragen im Coaching

Wichtige Fragen im Executive-Coaching können nach Hogan et al. (2010) sein: Welches Verhalten ist in welchen Situationen förderlich? Wo nutze ich Stärken von mir zu viel? Was sind die dunklen Seiten meiner Persönlichkeit? In welchen Situationen achte ich sehr auf Selbstschutz? Wie kann ich meine Selbstkontrolle verbessern? Wie kann ich offener für Lernen und persönliche Veränderung werden? Was ist mein Menschenbild?

Risiken im Coachingprozess

Wie schwierig es ist, dunkle Persönlichkeiten erfolgreich zu coachen, hat Damman (2007) unter Rückgriff auf Schreyöggs Aufsatz „Charismatiker und ihre Nachfolger“ diskutiert. So könne beispielsweise Narzissmus den Prozess des Beziehungsaufbaus und die kritische Reflexion des eigenen Verhaltens deutlich erschweren, weil Narzissten in diesem Kontext von einer Vielzahl von Abwehrmechanismen Gebrauch machten. Zu nennen sei hier insbesondere, dass Narzissten versuchen, den Coach durch Einschmeicheln und Vergünstigungen zu instrumentalisieren, oder dass das Coaching als Ganzes eigentlich nur dazu führe, dass der Klient in seinen narzisstischen Tendenzen bestärkt und so sein narzisstisches Verhalten noch weiter stabilisiert werde. Es überrasche daher auch nicht, dass narzisstische Persönlichkeiten erst dann überhaupt zu einem Coaching bereit seien, wenn sie entsprechenden Leidensdruck verspüren, etwa nach großen Misserfolgen oder Fehlleistungen (Schreyögg 1996; zit. nach Damman 2007).

Fehlende Qualitätskriterien für Coaching

Besonders problematisch werde es, wenn Coaches selbst narzisstische Tendenzen zeigen und ihre Klienten ausnutzen, um sich ihres eigenen Wertes zu versichern. Hier verweist Damman auf die Arbeiten von Horwitz (2000) und Schmidt-Lellek (1995), die die detsruktiven Konsequenzen narzisstischer Gruppentherapeuten im klinischen Setting aufzeigen und auf die Gefahr des Machtmissbrauchs in der Psychotherapie hinweisen.

Vor diesem Hintergrund ist es ebenfalls problematisch, dass Coaching kein geschützter Begriff ist und sich jeder – auch ohne fundierte Ausbildung – Coach nennen kann. Das führt zu einer Vielzahl unseriöser und dysfunktionaler Coachingansätze auf dem Markt. Bono et al. (2009) befragten 428 Executive-Coaches und ermittelten die wichtigsten Kompetenzen, die man als Coach mitbringen sollte, diese werden in ◘ Tab. 7.3 näher beschrieben.

◘ Tab. 7.3 Essenzielle Kompetenzen im Executive-Coaching (Bono et al. 2009)

Zuhören	Ein Coach sollte aktiv zuhören, nachfragen und bestrebt sein, seine Klienten wirklich zu verstehen.
Diagnostik	Ohne differenzierte Kenntnis der Stärken und Entwicklungsbereiche von Klienten ist kein fundiertes Training möglich. Ein Coach sollte daher über psychometrische Verfahren Bescheid wissen.
Beziehungsaufbau	Er oder sie sollte in der Lage sein, eine tragfähige, vertrauensvolle Beziehung zum Klienten aufzubauen, und über empathische Fähigkeiten verfügen.
Gesprächsführung	Hilfreich ist auch die Fähigkeit, Methoden aus der Psychotherapie einzubringen, etwa klientenzentrierte Gesprächsführung.
Feldkenntnisse	Unabdingbar ist das Wissen darüber, wie Unternehmen funktionieren und in welchem Kontext sich die Klienten bewegen.
Haltung	Hilfreich sind folgende Eigenschaften: Selbsterkenntnis, Integrität, Selbstbewusstsein, Neugier, Humor und Intuition.

7.3 Personalführung

Zusammenfassung
Das Full-Range of Leadership Modell ermöglicht es, Ansätze zur Führung schwieriger Mitarbeiter zu identifizieren. Während Narzissten zumindest kurzfristig gut auf charismatische Führung ansprechen, sind bei Machiavellisten die Verhaltensanreize ausschlaggebend. Gegen Manipulationsversuche von Psychopathen muss sich die Führungskraft absichern. Die Effekte ethischer Führung werden durch dunkle Persönlichkeitseigenschaften neutralisiert.

Führung als gezielte Verhaltensbeeinflussung

Führung umfasst die gezielte Beeinflussung der Mitarbeiter im Sinne der Organisationsziele (Wilkens und Externbrink 2011). Um Führungskräften ein allgemeines Rahmenmodell zur Beschreibung effektiver und weniger effektiver Verhaltensweisen für den Führungsprozess zu geben, eignet sich das Full-Range of Leadership Modell (Bass und Riggio 2006).

Das Full Range of Leadership Modell

Dieses möchte die volle Bandbreite an Führungsverhalten in Organisationen beschreibbar und bewertbar machen und umfasst die drei Komponenten laissez-faire, transaktional und transformational. Dabei wird davon ausgegangen, dass Laissez-faire Führung den geringsten und transformationale Führung den größten Führungserfolg nach sich zieht. Aufgrund aktueller Forschungsarbeiten (Überblick bei Felfe 2014) lässt sich das Modell aber noch um eine Dimension am unteren Ende dieser Rangreihe und eine Dimension an ihrer Spitze erweitern: missbräuchliche und ethische Führung. Damit ergibt sich das in ◘ Tab. 7.4 skizzierte Rahmenmodell.

Interaktive vs. Strukturelle Führung

Darüber hinaus können Führungskräfte auch indirekt durch die Gestaltung der Arbeitsbedingungen Führungssubstitute schaffen, die das Verhalten der Geführten lenken, ohne dass weitere Interaktion notwendig ist (Schriesheim 1997). Ein Schwerpunkt soll in diesem Kapitel

◘ **Tab. 7.4** Das Full Range of Leadership Modell in erweiterter Fassung

Führungskonzept	Definition	Antizipierte Konsequenzen
Ethische Führung (Brown und Treviño 2006)	Ethisch-moralische Prinzipien vorleben und belohnen. Ergebnis- und Humanziele in Einklang bringen.	Arbeitsengagement aus freien Stücken, ethisches Verhalten.
Transformationale Führung (Bass und Riggio 2006)	Charisma, Inspiration, intellektuelle Anregung, Mitarbeiterentwicklung.	Leistung, die die Erwartungen des Vorgesetzten übertrifft.
Transaktionale Führung (Locke und Latham 2002)	Führung durch Ziele und kontingente Belohnung; Kontrolle und Prozessbegleitung.	Leistung, die die Erwartungen des Vorgesetzten erfüllt.
Laissez-faire Führung (Skogstad et al. 2007)	Vermeidung von Führung, nicht auf wichtige Anfragen reagieren, sich seiner Pflicht entziehen.	Mangelhafte Leistung, Konflikte im Team, Stress.
Missbräuchliche Führung (Tepper 2000)	Feindseliges und aggressives Führungsverhalten, Bloßstellen, Anschreien, Ignorieren, Mobbing.	Aggressivität, Burnout, Fluktuation.

aber auf der interaktiven Personalführung liegen, also darauf, welchen Einfluss das Führungsverhalten auf das Arbeitsverhalten dunkler Persönlichkeiten hat und ob es durch ein bestimmtes Führungsverhalten gelingen kann, Narzissten, Machiavellisten und Psychopathen auf die Ziele der Organisation auszurichten.

Narzissten führen

Narzisstische Persönlichkeitsmerkmale der Geführten machen das Führen schwer. Denn Mitarbeiter mit narzisstischen Zügen sind überheblich, anspruchsvoll und egozentrisch. Sie werden wahrscheinlich versuchen, sich ihren Aufgaben zu entziehen, weil sie davon ausgehen, dass die Arbeiten unter ihrer Würde sind. Ohne Empathie für andere können sie sich nicht in die Perspektive ihrer Kollegen und schon gar nicht in die ihres Vorgesetzten oder die der Organisation hineinversetzen. Der Aufbau einer vertrauensvollen Vorgesetzten-Mitarbeiter-Beziehung ist damit natürlich stark gefährdet. Darüber hinaus ist es schwierig Narzissten die Aufmerksamkeit zu schenken, die ihnen aus Ihrer Sicht natürlicherweise „zusteht" (vgl. Benson et al. 2016).

Einfluss charismatischer Führung

Gibt es dennoch eine Möglichkeit, Narzissten im Sinne der Organisationsziele zu beeinflussen? Interessanterweise gibt es erste empirische Hinweise darauf, dass Narzissten gut auf charismatische und transformationale Führung ansprechen. So zeigte sich z. B. in der Studie von Lemoine und Blum (2013) mit 122 studentischen Teams ein stärkerer Effekt transformationaler Führung auf die Teamleistung in einer Entscheidungsaufgabe, wenn die Teams aus narzisstischen Mitgliedern bestehen. Einen ähnlichen Effekt zeigt Pogatschar (2015) in ihrer Feldstudie mit 311 berufstätigen Personen aus Deutschland: Sie untersuchte in Führungsdyaden den moderierenden Effekt einer hohen Ausprägung der dunklen Triade bei den Geführten auf die Beziehung zwischen transformationaler Führung und Proaktivität. Die Ergebnisse deuten in dieselbe Richtung.

Der Effekt ließe sich dadurch erklären, dass Narzissten sich durch die Nähe zu einem idealisierten charismatischen Anführer selbst aufwerten und so das Bild ihrer eigenen Grandiosität verstärken können. In ähnlicher Weise betrachten psychoanalytische Theorien zu charismatischer Führung die Dynamik zwischen Führungskraft und Mitarbeiter als Abbild der Eltern-Kind-Interaktion (Kets de Vries 1988). Ebenso gehen Conger und Kanungo (1998) davon aus, dass charismatische Anführer einen starken Einfluss auf das Selbstwertgefühl der Geführten haben, also an dem fragilsten Punkt von Narzissten ansetzen. Dass damit eine starke Abhängigkeitsbeziehung einhergehen kann (Externbrink 2013), steht außer Frage. Demzufolge ist es wohl auch nicht unbedingt ratsam, Narzissten charismatisch zu führen, weil sie dadurch in ihrer narzisstischen Tendenz nur noch weiter stabilisiert werden. Hierzu müssen aber noch weitere Studien folgen.

▪ Machiavellisten führen

Ein Ansatzpunkt, um das Verhalten von Machiavellisten in die gewünschten Bahnen zu lenken, mag in ihrer ausgeprägten persönlichen Nutzenorientierung liegen. So haben wir weiter oben bereits mehrfach festgestellt, dass Machiavellisten z. B. durchaus zu ethischem Verhalten in der Lage sind und sich je nach Anreizbedingungen flexibel für ein bestimmtes Verhalten aus ihrem Repertoire an pro-organisationalem und kontraproduktivem Arbeitsverhalten entscheiden. Damit können sich Machiavellisten auch kooperativ entscheiden, solange es ihnen instrumentell erscheint.

▪ Die VIE-Theorie

Die Effekte von Führung auf Machiavellisten lassen sich also bestimmt gut durch die VIE-Theorie modellieren. Hier wird Motivation als individueller Prozess der Auswahl zwischen Verhaltensalternativen definiert. Die Person schätzt ein, inwiefern die erwarteten Folgen eines bestimmten Verhaltens zu den gewünschten Ergebnissen führen. Insofern ist das Produkt aus der Erwartung, dass eine gewisse Anstrengung zur beabsichtigten Leistung führen wird, der Instrumentalität dieser Leistung für ein bestimmtes Ergebnis und der Valenz, also dem Wert, den die Person diesem Ergebnis beimisst, entscheidend (Vroom 1964).

▪ Der Review von Belschak und Den Hartog (2014)

Belschak und Den Hartog haben den aktuellen Forschungsstand zum Führen von Machiavellisten wie folgt zusammengefasst: Im Zentrum ihres Überblicksartikels stehen aktuelle Untersuchungen, die den Einfluss von transformationaler, transaktionaler und ethischer Führung auf pro-organisationales Verhalten von Machiavellisten testen.

Einfluss transaktionaler und transformationaler Führung

Diese Führungsansätze haben gemeinsam, dass sie das gewünschte Verhalten der Mitarbeiter direkt oder indirekt belohnen, sodass Machiavellisten gut darauf ansprechen sollten, weil bei ihnen der Eindruck entsteht, dass pro-organisationales Verhalten instrumentell für ihre Zielerreichung ist.

So zeigt sich denn auch, über die drei von den Autoren selbst durchgeführten Untersuchungen (Belschak und Den Hartog 2013) hinweg, ein signifikanter Interaktionseffekt zwischen transformationaler Führung und machiavellistischer Geführtenpersönlichkeit, und zwar derart, dass Machiavellisten mehr Engagement und Veränderungsorientierung zeigen, wenn sie transformational geführt werden. Das lässt sich dadurch erklären, dass transformationale Führungskräfte als veränderungsorientierte Rollenmodelle agieren (Change Agents) und hohe Erwartungen an die Mitarbeiter kommunizieren, sich ebenso zu verhalten, sowie im Sinne einer intellektuellen Anregung Veränderungsvorschläge explizit von ihren Mitarbeitern einfordern.

Für transaktionale Führung, die sich eng am High Performance Cycle von Locke und Latham (2002) orientiert, und das Führen über

Zielvereinbarungen, Feedback und kontingente Belohnung umfasst, bleibt der Interaktionseffekt allerdings aus. Die Autoren führen das darauf zurück, dass die abhängige Variable (Proaktivität) ungünstig gewählt ist. Denn wie auch in anderen Studien gezeigt wurde, lässt sich Proaktivität nur schwer in Zielvereinbarungen zum Gegenstand machen, sodass für diese spezielle Variable eigentlich auch keine Haupteffekte zu vermuten sind. Zukünftige Forschung sollte sich also damit beschäftigen, ob sich der Effekt auch für abhängige Variablen wie etwa die aufgabenbezogene Arbeitsleistung zeigen lässt, wobei hierbei wiederum nicht auszuschließen ist, dass Machiavellisten auch unethische Mittel einsetzen, um die vereinbarten Ziele zu erreichen.

Einfluss ethischer Führung

Ethische Führung beschreibt einen konsequent kooperativen Ansatz der Mitarbeiterführung, der moralische Standards in den Vordergrund stellt (Brown und Trevino 2006). Bei Machiavellisten kann das negativ ankommen. Denn aufgrund ihrer zynischen Sicht auf den Menschen ist es naheliegend, dass sie derartiges Verhalten als Schwäche der Führungskraft einstufen und versuchen werden, diese Schwäche für sich selbst auszunutzen, weil das lohnenswerter erscheint als sich einem vermeintlich schwachen Anführer anzuschließen (vgl. Belschak und Den Hartog 2014). Daher gibt es hier auch einen Interaktionseffekt, der jedoch in eine andere Richtung weist als bei transformationaler Führung. Er fällt nämlich negativ aus, also derart, dass Machiavellisten sich signifikant weniger im Sinne der Organisation verhalten, wenn sie ethisch geführt werden. Dieser Befund ist insbesondere deshalb interessant, weil fast jeder Artikel zu ethischer Führung in der Einleitung auf wirtschaftliche Skandale oder Fälle von Derailment verweist und damit die Notwendigkeit begründet, dass Mittel und Wege gefunden werden müssen, wie man als Führungskraft das ethische Verhalten der Mitarbeiter fördern kann. Zugegebenermaßen lassen sich auch die entsprechenden Haupteffekte zeigen, nur ergeben sich eben angesichts dieser Ergebnisse auch Fragen darüber, ob es überhaupt gelingen kann, Machiavellisten – als klassische Zielgruppe, die zu unethischem Verhalten tendiert – wirklich erfolgreich zu beeinflussen. So könnte man, wenn man ketzerisch argumentieren möchte, auch sagen: Das Gegenteil von gut ist gut gemeint.

When two worlds collide

Frei nach dem Motto „When two worlds collide" zeigen auch Hansen und Externbrink (2017), dass der Einfluss von authentischer Führung – einer Form positiver Führung, die Überschneidungen zur ethischen Führung aufweist – auf Engagement neutralisiert wird, wenn die Geführten machiavellistische Züge aufweisen.

Gehirngerechte Führung?

Eine schöne Ergänzung ihres Reviews liefern Belschak und Den Hartog (2014) mit ihrem Hinweis auf die von Bagozzi et al. (2013) durchgeführte Studie mit bildgebenden Verfahren: Die fMRI-Studie zeigt bei Machiavellisten eine geringere Aktivität von solchen Gehirnarealen, die an der Perspektivübernahme beteiligt sind. Daraus ließe sich schließen, dass Machiavellisten weniger dazu in der Lage seien, negatives Feedback von Führungskräften nachzuvollziehen.

- **Psychopathen führen**

Für Psychopathie gibt es in diesem Kontext kaum empirische Studien. Dafür geben aber Babiak und Hare (2006) die folgenden in ◘ Tab.7.5 aufgelisteten, allgemeinen Empfehlungen für den Umgang mit schwierigen Mitarbeitern, die psychopathische Züge aufweisen und versuchen das Team zu manipulieren. Die Empfehlungen orientieren sich zwar an US-amerikanischen Unternehmen, scheinen jedoch allgemein übertragbar zu sein.

Allgemeine Empfehlungen für „schwierige" Mitarbeiter

7.4 Organisationsgestaltung

Zusammenfassung
Situationale Aspekte begünstigen die Emergenz von dunklen Persönlichkeiten und deren dysfunktionalen Begleiterscheinungen für die Organisation. Diese kann auf kultureller und struktureller Ebene den Auswirkungen schadhafter Persönlichkeitseigenschaften durch Anpassungen in den Bereichen Personalgewinnung und Personaldiagnostik, Training und Entwicklung sowie Evaluation entgegenwirken.

» *Niemand dient einem andern aus freien Stücken; weiß er aber, daß er damit sich selber dient, so tut er es gern.*
Johann Wolfgang von Goethe

Die in den vorangegangenen Kapiteln dieses Buches vorgestellten negativen Begleiterscheinungen von Personen, die hohe narzisstische,

◘ **Tab. 7.5** Handling a „Psychopathic" Subordinate (Babiak und Hare 2006)

Arbeiten Sie an Ihrer Führungskompetenz.	Mit einer hohen Führungskompetenz gehen eine höhere Performance des Teams und eine positive Reputation im Unternehmen einher. Das erschwert Angriffe auf Sie und sichert Ihnen die Unterstützung anderer.
Stärken Sie die Beziehung mit Ihrem Team.	Psychopathen können andere sehr gut gegeneinander aufwiegeln. Je transparenter die Kommunikation, desto eher werden sich Ihre Mitarbeiter mit Problemen an Sie wenden. Diese Anmerkungen sollten Sie ernst nehmen und hinterfragen.
Stärken Sie die Beziehung zu Ihrer eigenen Führungskraft.	So können Sie wichtige Themen ansprechen, bevor sie zum Problem werden. Nutzen Sie regelmäßige Meetings oder informelle Treffen.
Fertigen Sie detaillierte Notizen an.	Notieren Sie sich akkurat und rechtzeitig, was besprochen und entschieden wurde, was vorgefallen ist und wer gute und schlechte Leistungen erzielt hat. Sie können diese Notizen auch mit Ihrem Vorgesetzten durchgehen.
Investieren Sie Zeit in die Leistungsbeurteilung.	So können Sie Ihren Mitarbeitern regelmäßig positives und konstruktives Feedback geben und die Beziehung stärken. Auch Defizite in der Performance oder kontraproduktives Verhalten wird so formal dokumentiert. Im Idealfall lässt sich die Beurteilung mit der Zielvereinbarung verknüpfen.
Suchen Sie frühzeitig die Unterstützung der Human Resources Abteilung.	Dabei müssen (und sollten) Sie dem betreffenden Mitarbeiter nicht das Label „Psychopath" geben.

machiavellistische und psychopathische Ausprägungen aufweisen, verdeutlichen die Notwendigkeit eines dezidierten Umgangs mit dem Phänomen der dunklen Triade, um die Emergenz dieser Persönlichkeiten sowie durch sie verursachte Schäden zu verhindern.

Gleich und gleich gesellt sich gern

Eine zentrale Rolle kommt dabei der Betrachtung der situationalen Rahmenbedingungen zu, in denen sich subklinische Narzissten, Machiavellisten und Psychopathen bevorzugt aufhalten und die es ihnen erleichtern, antisoziale Verhaltensweisen zu zeigen. Auf Basis verschiedener Gravitationstheorien (Schneider 1987; Nerdinger 2014), die besagen, dass Menschen sich immer dann von einer Organisation angezogen fühlen, wenn sie zu ihren individuellen Persönlichkeitseigenschaften passt, ist es für die Organisation von entscheidender Bedeutung, die eigene Anziehungskraft zu analysieren.

▪ Toxische Führungskraft vs. Toxische Führung

Wie Padilla und Kollegen (2007) zeigen, greift eine isolierte Betrachtung der Kontextbedingungen jedoch zu kurz. Ihre Unterscheidung zwischen toxischen Führungskräften und toxischer Führung, nach der sich toxische Führungskräfte durch dunkle Persönlichkeitseigenschaften auszeichnen und toxische Führung ein interdependenter Prozess zwischen Führungskräften, Mitarbeitern und kontextuellen Bedingungen darstellt und die aufgrund ihres organisationalen Zerstörungspotentials auch destruktive Führung genannt wird (ebd.; Schyns 2015), verdeutlicht die Notwendigkeit einer systemischen Perspektive.

Die Schwierigkeit, die es dabei zu beachten gilt ist, dass unterschiedliche Prädiktoren je nach Perspektive für eine Anspruchsgruppe persönlichkeitszentriert, für eine andere situational auftreten. Verdeutlicht werden kann dies an folgendem Beispiel. So argumentiert Boddy (2006), dass psychopathische Führungskräfte sich tendenziell eher mit den Ergebnissen Ihrer Mitarbeiter brüsten, während sie gleichzeitig ihre Untergebenen für eigene Fehler verantwortlich machen. Während die Eigenschaften der Führungskraft persönlichkeitszentriert das assoziierte Verhalten vorhersagen, bildet dieses unterdessen eine situationale Rahmenbedingung unter der die Mitarbeiter zu leiden haben.

▪ Entwicklung unternehmenskultureller Identität

Soll die organisationale Situation hinsichtlich ihrer Anfälligkeit für dunkle Persönlichkeiten und den mit ihnen assoziierten negativen Symptomen analysiert werden, gilt es den Status Quo, das gewünschte unternehmenskulturelle Bild, den antizipierten Zweck und mögliche Gefahren für die Prägung der eigenen Kultur zu identifizieren.

Wer gescheit ist, treibt keine Politik. – Epikur

So sind insbesondere Organisationskulturen, die ein hohes Maß an strategischer Berechnung aufweisen, anfällig für Menschen mit dunklen Persönlichkeitseigenschaften. Eine solche organisationale Umgebung wird durch das Vorhandensein von Mitgliedern charakterisiert, die die eigenen Vorteile häufig auf Kosten anderer maximieren möchten sowie durch Leistungsindikatoren, die seltener an objektive Kennzahlen geknüpft sind (Rosen und Levy 2013). Aus diesem Grund argumentieren Boddy (2011) und Poon (2003), dass eine politische Umwelt ideale Rahmenbedingungen für subklinische Psychopathen bietet, da sie durch organisationale Intransparenz von ihrem Hang zu listenreichem und manipulativem Verhalten am meisten profitieren. Gleiches gilt laut Ferris et al. (2005) für Machiavellisten. Diese scheinen genau dann erfolgreich zu werden, wenn sie in unstrukturierten und schwer durchschaubaren Umwelten arbeiten. Hodson et al. (2006) sprechen in diesem Kontext von „organisationalem Chaos". Darüber hinaus fördert organisationale Intransparenz, d. h. die Schwierigkeit von innen wie außen Entscheidungs- und Verhaltenskonsequenzen abzusehen, das den dunklen Persönlichkeitseigenschaften gemeinsame selbstdienliche Verhalten und geht mit Selbstdarstellung und selbstlegitimierendem Verhalten einher (Johns 1999). Diese wahrgenommene Uneindeutigkeit organisationaler Rahmenbedingungen konnten Yang und Diefendorff (2009) außerdem mit kontraproduktivem Arbeitsverhalten in Verbindung bringen. Fühlen sich Mitarbeiter in einer chaotischen Situation darüber hinaus aufgrund von z. B. Jobunsicherheit machtlos, besteht ein signifikanter Zusammenhang zur Entstehung von Mobbing, das unter den dunklen Persönlichkeitseigenschaften am stärksten mit Psychopathie verknüpft ist (Baughman et al. 2012). Laut Cohen (2016) ist es daher ebenso vorstellbar, dass insbesondere dunkle Persönlichkeiten die Fähigkeit besitzen, politisierte Situationen zu erkennen, um diese in der Folge auch aufsuchen und dort zu ihren Gunsten Leistung erbringen zu können.

- **Autorität moderieren, Zusammenhalt fördern**

Auch O'Boyle et al. (2012) widmen sich der Frage nach Kontextfaktoren, die schädliches Verhalten am Arbeitsplatz aufgrund von dunklen Persönlichkeitsfaktoren begünstigen. In Ihrer Metaanalyse zum Zusammenhang der dunklen Triade mit kontraproduktivem Arbeitsverhalten gehen sie der Frage nach, ob sich dieser Zusammenhang mit der Wahrnehmung eigener Autorität und dem gelebtem Gruppenzusammenhalt in der Organisation verändert. Dabei scheinen insbesondere Machiavellisten resistent gegen mögliche Auswirkungen dieser situationalen Bedingungen und zeigen konsistentes kontraproduktives Arbeitsverhalten unabhängig von der jeweiligen Situation wie in ▶ Kap. 6.2 beschrieben.

Gemeinsam sind wir stark

Narzissten hingegen neigen in Autoritätspositionen vermehrt zu schädlichem Arbeitsverhalten, insbesondere wenn die Organisation verstärkt Wert auf den Gruppenzusammenhalt legt, da mit Macht ausgestattete Narzissten zum einen noch stärker dazu neigen ihre Untergebenen zu malträtieren und dabei zum anderen ihre ausgesprochene Egozentrik mit dem Gedanken geteilter Verantwortung und gemeinsamer Ziele konfligiert. Auch aus diesem Grund schlagen Padilla et al. (2007) unter anderem die Aufnahme des Aspekts der Mitarbeiterförderung in den Leistungsbewertungskatalog von Führungskräften vor, um die Emergenz von durch Egozentrik charakterisierten dunklen Führungskräften zu verhindern. Die daraus ableitbare Empfehlung für Organisationen ist die Betonung von Gruppenzusammenhalt und Kohäsion als ein mögliches Gegenmittel für Personen mit dunklen Persönlichkeitseigenschaften, da bei dieser Form von organisationalem Kollektivismus verbunden mit Zusammenarbeit und multilateraler Machtverteilung (Conger 1990) Verletzungen von Reziprozitätsnormen schneller identifiziert und häufiger sanktioniert werden (Van Dyne et al. 2000).

Die Ergebnisse der Moderatoranalysen von O'Boyle et al. (2012) zeigt ◘ Tab. 7.6. Auffällig ist hier auch, dass der Zusammenhang zwischen Psychopathie und kontraproduktivem Arbeitsverhalten für Autoritätspositionen substantiell negativ ausfällt. Dabei warnen die Autoren aber auch selbst davor, aus diesem Ergebnis zu folgern, dass Psychopathen erfolgreicher sind, wenn sie mit Autorität ausgestattet sind. Zwar wird das kontraproduktive Verhalten abgepuffert, dies ist aber nicht an eine entsprechende Arbeitsleistung geknüpft.

▪ Interventionspunkte

Aufgrund der genannten Probleme werden neben dem vorhergehend genannten verschiedene Ansatzpunkte für die Bekämpfung dysfunktionaler Symptome in den Bereichen Kultur, Organisation, Diagnostik und Personalgewinnung, Lernen und Entwicklung sowie Evaluation dunkler Persönlichkeitseigenschaften deutlich.

▪ Unternehmenskultur und strukturelle Prüfsysteme

So stellten Campbell und Göritz (2014) fest, dass eine korrupte Unternehmenskultur einzig dem Zweck dient, dass Mitarbeiter korruptes Verhalten unterstützen und ggf. selbst ausüben. Die Etablierung einer solchen Kultur gelingt, ebenso wie im Fall von wünschenswerten Rahmenbedingungen, jedoch nur durch die Beeinflussung von arbeitsbezogenen Werten und Normen von Arbeitsgruppen. Aus diesem Grund erscheint die Definition des eigenen unternehmenskulturellen Profils verpflichtend, um dieses im Anschluss auf unterschiedliche organisationale Strukturen herunterbrechen zu können.

Wer bin ich, und wenn ja, wieviele?

So können ein partizipativ erstelltes Unternehmensleitbild (Schein 1990) und davon abgeleitete ebenfalls in Zusammenarbeit mit den

◘ Tab. 7.6 Moderatorvariablen – Autorität und Zusammenhalt (O'Boyle et al. 2012)

	Narzissmus		**Machiavellismus**		**Psychopathie**	
Arbeitsleistung	–.02		–.06		–.08	
Kontraproduktives Arbeitsverhalten	.35		.20		.06	
Moderatoren: IGC (Gruppenzusammenhalt) und AUT (Autorität)						
	IGC	**AUT**	**IGC**	**AUT**	**IGC**	**AUT**
Arbeitsleistung	–.38	–.48	.05	.00	–.09	–.12
Kontraproduktives Arbeitsverhalten	–.55	–.17	.00	.08	–	–.71

Führungskräften erstellte Führungsleitsätze (Felfe und Franke 2014) dabei helfen, eine von Integrität, Offenheit und Respekt gesprägte Kultur zu verankern und im Tagesgeschäft leben zu lassen.

Persönliches und strukturelles Commitment

Im Kontext großer Unternehmen ist Commitment des Vorstandes und des Top-Level-Managements für eine integre Unternehmenskultur entscheidend (Ghoshal und Bartlett 1994). Die dafür zu schaffenden Rahmenbedingungen beinhalten unter anderem unabhängige Vorstandsmitglieder, ein gemischtes, externales und unabhängiges Beratungsumfeld sowie ein transparenzerzeugendes Prüfsystem, welches sowohl Leistungsbewertungs- und Nachfolgeregelungsprozesse aufzeigt, als auch die Vorstandsverantwortung für Führungs- und Unternehmensergebnisse verdeutlicht. Dieser sollte darüber hinaus mit Sanktionsmacht gegenüber schadhaften Führungskräften ausgestattet sein (Padilla et al. 2007).

Wie du mir, so ich dem Unternehmen

Evaluiert die Organisation darüber hinaus nicht in regelmäßigen Abständen die Beziehungen zwischen Mitarbeitern und Führungskräften, kann es in diesem Fall nicht nur zu direkten Vergeltungsmaßnahmen in Richtung des Vorgesetzten kommen, sondern auch zu ungerichteter Vergeltung gegen die Organisation (Mitchell und Ambrose 2007).

Feedback und Kontrolle

Kernaspekt einer funktional-positiven Kultur ist daher die Schaffung institutionalisierter Kontroll- und Feedbackmechanismen (McCall und Lombardo 1983).

So können beispielsweise Psychopathen durch sukzessive, transparente Kontrolle von Arbeitsabläufen und Ergebnissen daran gehindert werden, Mitglied einer Organisation zu werden und zu bleiben, um der Gefahr der Abnahme organisationaler sozialer Gerechtigkeit und Verantwortung vorzubeugen. So steht die Menge an Psychopathen in einer Organisation gemäß Boddy (2010) in signifikantem Zusammenhang zur wahrgenommenen Corporate Social Responsibility der Unternehmung.

▪ Personalgewinnung und Entwicklung

Die diagnostische Brille aufsetzen

Betrachtet man den berufsbiographischen Zyklus, den ein Mitarbeiter in einer Organisation durchläuft, kann bereits bei der Personalgewinnung durch das Einholen von Referenzen ehemaliger Arbeitgeber das Unternehmen vor dem vermeintlich charismatischen Idealbewerber mit dunklen Persönlichkeitstendenzen geschützt werden.

Potential liegt dabei insbesondere in der Verwendung valider psychometrischer Testverfahren auch auf Führungsebene, die im Entwicklungskontext immer häufiger, im Recruiting jedoch nach wie vor zu selten, eingesetzt werden (Sessa et al. 1998) und sich dabei bislang dominant an wünschenswertem und weniger an abzulehnendem Verhalten orientieren (Lombardo und Eichinger 2000).

Dysfunktionales Verhalten und Resilienz

Darüber hinaus argumentieren May et al. (2016), dass nicht nur hinsichtlich negativer Persönlichkeitseigenschaften potenziell schadhafter Mitarbeiter getestet, sondern auch die innere Widerstandskraft gegen dysfunktionale Einflüsse auf Führungs- und Mitarbeiterseite erhoben werden sollte. Diese innere Widerstandsfähigkeit, die Maddi (2006) psychological hardiness nennt und Menschen dabei hilft, mit Stress und schlechter Behandlung konstruktiv umzugehen, ist im deutschsprachigen Raum insbesondere unter dem Begriff der Resilienz bekannt (z. B. Wustmann 2009). Auf Basis der Erkenntnisse von Padilla et al. (2007) ist daher davon auszugehen, dass Psychopathen, Machiavellisten und Narzissten nur dann wirken können, wenn man es ihnen gestattet und Mitarbeiter, deren innere Widerstandskraft entsprechend ausgeprägt ist, automatisch den Handlungsspielraum und das Wirkfeld dunkler Persönlichkeiten einschränken.

Weiterhin empfehlen Hogan und Kollegen (2011) aufgrund der hohen assoziierten Kosten eine grundsätzliche Berücksichtigung von Derailment-Faktoren im Zuge der Rekrutierung und Entwicklung von Führungskräften.

Selbstbewusstheit

Im Rahmen der Personalentwicklung legen sie dabei besonderen Wert auf die Förderung von Selbstbewusstheit (ebd.; Lombardo und McCauley 1988), der Fähigkeit zur Introspektion zur umfänglichen Wahrnehmung der eigenen Persönlichkeit, da ein Mangel in dieser Eigenschaft als stabiler Prädiktor für Probleme in zwischenmenschlicher Kommunikation gilt.

360°-Feedback

Während in vielen Organisationen mit dem 360-Grad-Feedback bereits ein probates Mittel zur Steigerung der Selbstbewusstheit existiert (Van Velsor et al. 1993), bei dem Mitarbeiter und Führungskräfte durch unterschiedliche organisationale Anspruchsgruppen individueller Zusammensetzung, wie eigene Vorgesetzte und Mitarbeiter, Kollegen, Kunden oder durch Selbsteinschätzung, hinsichtlich im Vorfeld definierter Leistungsdimensionen evaluiert werden, plädieren Gentry und Kollegen (2007) insbesondere für einen Erhalt der offenen und präzisen Feedback- und Leistungsbewertungskultur auch auf höheren Managementebenen, um übersteigertem Selbstvertrauen und Überschätzung der eigenen Fähigkeiten sowie Arroganz vorzubeugen (McCall und Lombardo 1983). Diese Notwendigkeit wird noch deutlicher, vergleicht man die Korrelate von tatsächlicher Führungseffektivität sowohl mit den eigenen Derailment-Einschätzungen der Führungskraft als auch mit dem Fremdbild, dass die Kollegen der Führungskraft von dieser haben. Dabei zeigt sich lediglich ein signifikanter Zusammenhang zwischen Fremdbeurteilungen und der objektiven Führungseffektivität. Die Selbsteinschätzung der betroffenen Führungskraft ist somit weniger aussagekräftig.

▪ Training und Entwicklung

Wissen ist Macht

Neben dem organisationalen Erfordernis Führungskräfte darin zu bestärken, eine Kultur der Offenheit und Ehrlichkeit vorzuleben und als Vorbilder zu fungieren, damit insbesondere Nachwuchsführungskräfte bei der Ausbildung ethischer Verhaltensweisen von etablierten Verantwortlichen lernen können (Brown und Trevino 2006), sollten alle getroffenen Maßnahmen durch vermitteltes Wissen über dunkle (Führungs-) Eigenschaften in Entwicklungsprogrammen kontextualisiert werden (Conger 2007; Hogan et al. 2011; Hogan et al. 2010). Aus diesem Grund beinhaltet nach Clarke (2005) der erste Schritt, den jede Organisation gehen muss, um sich vor Menschen mit dunklen Persönlichkeitseigenschaften zu schützen, die eigenen Führungskräfte und Mitarbeiter darüber aufzuklären und zu informieren, dass derartige Personen auch im organisationalen Kontext existieren und welche Eigenschaften und Verhaltensweisen sie kennzeichnet.

Persönlichkeitsentwicklung

Einen weiteren Hinweis auf die Möglichkeit dunkle Persönlichkeiten unternehmensseitig zu moderieren geben Hill et al. (2011). Wenngleich sich ihre Arbeit primär mit der Arbeit mit Jugendlichen auseinandersetzt, zeigen sie dennoch, dass Interventionen, die Persönlichkeitseigenschaften ansprechen, mittelfristig kriminelles Verhalten und Rückfallquoten verringern können. Aus diesem Grund sollte neben der symptombezogenen Arbeit in Organisationen der Aspekt der Persönlichkeitsentwicklung nicht völlig außer Acht gelassen werden.

Vorsicht ist besser als Nachsicht

Mit besonderem Blick auf die Laufbahnentwicklung von Führungskräften ist darüber hinaus festzustellen, dass Derailment besonders häufig nach einem Positionswechsel stattfindet. Aus diesem Grund sollten im Vorfeld Entwicklungserfordernisse und Herausforderungen die Führungskraft betreffend identifiziert und ein Maßnahmenplan entwickelt werden. Dies hilft unter anderem bei der Vermeidung von Stressreaktionen auf Seiten der Führungskraft, welche wie in ▶ Kapitel 6 beschrieben, das Potential haben dominante, dysfunktionale Verhaltensweisen assoziiert mit der dunklen Triade auszulösen (McCall und Lombardo 1983; Boyatzis und McKee 2005).

- **Situationsabhängige Vorteile dunkler Persönlichkeitseigenschaften**

Zwei Seelen wohnen, ach! in meiner Brust

Neben dem Wunsch schädliches Verhalten von der Organisation abzuwenden ist es denkbar, dass abhängig von der kontextuellen Situation einige Facetten der dunklen Persönlichkeitseigenschaften sogar als wünschenswert angesehen werden können (Harms et al. 2011). So zeigen machiavellistische Einzelhändler größere Umsatzzahlen, während risikoaffine Boshaftigkeit in positivem Zusammenhang mit der Ausbildung eines militärischen Profils steht, was Gable und Dangello (1994) mit dem besonderen situationalen Kontext von Kriegszeiten begründen. Wilson (2010) führt hingegen an, dass vor dem Hintergrund einer rücksichtslosen, ausbeuterischen Unternehmensvision und Mission auch ein Psychopath als guter Organisationsbürger gesehen werden könne. Darüber hinaus konnte die Forschergruppe um O'Boyle (2012) zeigen, dass speziell mit Autorität ausgestattete Psychopathen seltener zu kontraproduktivem Arbeitsverhalten neigen. Sie hypothetisieren, dass die organisationale Promotionsperspektive die Tendenz subklinischer Psychopathen zur Impulsivität und zu organisationsschädigendem Verhalten abmildert, warnen aber auch vor einer unüberlegten Generalisierung (s.o.).

Literatur

Aguinis, H., & Kraiger, K. (2009). Benefits of training and development for individuals and teams, organizations, and society. *Annual Review of Psychology, 60*, 451–474.

Babiak, P., & Hare, R. D. (2006). *Snakes in suits: When psychopaths go to work*. New York: Harper Collins.

Bagozzi, R. P., Verbeke, W. J., Dietvorst, R. C., Belschak, F. D., van den Berg, W. E., & Rietdijk, W. J. (2013). Theory of mind and empathic explanations of Machiavellianism a neuroscience perspective. *Journal of Management, 39(7)*, 1760–1798.

Bass, B. M., & Riggio, R. E. (2006). *Transformational leadership*. Milton Park: Psychology Press.

Baughman, H. M., Dearing, S., Giammarco, E., & Vernon, P. A. (2012). Relationships between bullying behaviours and the dark triad: A study with adults. *Personality and Individual Differences, 52*(5), 571–575.

Baumeister, R. F., Bratslavsky, E., Muraven, M., & Tice, D. M. (1998). Ego depletion: is the active self a limited resource? *Journal of Personality and Social Psychology, 74*(5), 1252.

Belschak, F. D., & Den Hartog, D. N. (2013). *From selfishness to pro-organizational efforts: Machiavelliansism and pro-organizational change*. Paper presented ath the 16th congress of the European Association of Work and Organizational Psychology, Muenster.

Belschak, F. D., & Den Hartog, D. N. (2014). Führung und Machiavellismus. In: Felfe, J. (Hrsg.), *Trends der psychologischen Führungsforschung: Neue Konzepte, Methoden und Erkenntnisse (*343–352). Göttingen: Hogrefe.

Benson, A., Jordan, C., & Christie, A. (2016). Narcissistic reactions to subordinate role assignment: The case of the narcissistic follower. *Personality and Social Psychology Bulletin, 4*(7), 985–99.

Birkhan, G. (2014). MvD: Anmerkungen zu Forschung und Methodik. *Wirtschaftspsychologie, 3/2014*, 7–13.

Boddy, C. R. (2006). The dark side of management decisions: Organisational psychopaths. *Management Decision, 44*(10), 1461–1475.

Boddy, C. R. (2010). Corporate psychopaths and organizational type. *Journal of Public Affairs, 10*, 300–312.

Boddy, C. R. (2011). *The Corporate Psychopaths Theory of the Global Financial Crisis.* Journal of Business, 102 *(2)*, 255–259.

Boltz, J., Kanning, U. P., & Hüttemann, T. (2009). Qualitätsstandards für Assessment Center – Treffnde Prognosen durch Beachtung von Standards. *Personalführung, 10*, 32–37.

Bono, J. E., Purvanova, R. K., Towler, A. J., & Peterson, D. B. (2009). A survey of executive coaching practices. *Personnel Psychology, 62*(2), 361–404.

Boyatzis, R., McKee, A. (2005). *Resonant Leadership*. Boston, MA: Harvard Business School Press:.

Brown, M. E., & Treviño, L. K. (2006). Ethical leadership: A review and future directions. *The leadership quarterly, 17*(6), 595–616.

Burke, M. J., & Day, R. R. (1986). A cumulative study of the effectiveness of managerial training. *Journal of Applied Psychology, 71*(2), 232.

Campbell, J.L., & Göritz, A.S. (2014). Culture corrupts! A qualitative study of organizational culture in corrupt organizations. *Journal of Business Ethics, 120*(3), 291–311.

Clarke, J. (2005). *Working With Monsters. How to Identify and Protect Yourself From the Workplace Psychopath*. Sydney: Random House.

Cohen, A. (2016). Are they among us? A conceptual framework of the relationship between the dark triad personality and counterproductive work behaviors (CWBs). *Human Resource Management Review*, 26(1), 69–85.

Colquitt, J. A., LePine, J. A., & Noe, R. A. (2000). Toward an integrative theory of training motivation: a meta-analytic path analysis of 20 years of research. *Journal of Applied Psychology, 85*(5), 678.

Conger, J.A. (1990). The dark side of leadership. *Organizational Dynamics, 19*, 44–55.

Conger, J.A. (2007). The dark side of leadership. In: Vecchio, R.P. (Ed.), *Leadership: Understanding the Dynamics of Power and Influence in Organizations*. Notre Dame, Indiana: University of Notre Dame Press.

Conger, J. A., & Kanungo, R. N. (1998). *Charismatic leadership in organizations*. Thousand Oaks California: Sage Publications.

Conway, J. M., & Huffcutt, A. I. (1997). Psychometric properties of multisource performance ratings: A meta-analysis of subordinate, supervisor, peer, and self-ratings. *Human Performance*, *10*(4), 331–360.

Dammann, G. (2007). Narzissten, Egomanen, Psychopathen in der Führungsetage. Bern: Haupt.

Douglas, H., Bore, M., & Munro, D. (2012). Distinguishing the dark triad: Evidence from the five-factor model and the Hogan development survey. *Psychology, 3(3)*, 237.

Externbrink, K. (2013). *Transformational leadership and adaptive performance: disentangling the process*. Bochum: Univ. Diss.

Externbrink, K., & Dormann, C. (2014). Führen und Entscheiden: Evidence-based Management. In Felfe (Hrsg.), *Trends der psychologischen Führungsforschung: Neue Konzepte, Methoden und Erkenntnisse* (429–439), Göttingen: Hogrefe.

Externbrink, K., Tommhoff, M., & Dries, C. (2015). Psychologisches Kapital fördern durch Coaching. *Coaching Magazin 3/2015*, 20–25.

Feldmann, D. C., & Lankau, M. J. (2005). Executive Coaching: A Review and Agenda for Future Research. *Journal of Management*, 31(6), 829–848

Felfe, J. (2014). *Trends der psychologischen Führungsforschung: Neue Konzepte, Methoden und Erkenntnisse*. Göttingen: Hogrefe.

Felfe, J., & Franke, F. (2014). *Führungskräftetrainings*. Göttingen: Hogrefe.

Ferris, G. R., Davidson, S. L., & Perrewé, P. L. (2005). *Political skill at work: Impact on work effectiveness*. Mountain View, CA: Davies-Black.

Flanagan, J. C. (1954). The critical incident technique. *Psychological Bulletin*, *51*, 327–358.

Gable, M., & Dangello, F. (1994). Job involvement, Machiavellianism, and job performance. *Journal of Business and Psychology*, *9*, 159–170.

Gentry, W. A., Mondore S. P., Cox, B. D. (2007). A study of managerial derailment characteristics and personality preferences. *Journal of Management Development*, *26*(9).

Ghoshal, S., & Bartlett, C. A. (1994). Linking Organizational Context and Managerial Action: The Dimensions of Quality Management. *Strategic Management Journal*, *15*, 91–112.

Hansen, C. & Externbrink, K. (2017). When two Worlds Collide: Neutralizing Role of Subordinate Machiavellianism with Authentic Leadership and Work Engagement. Conference of the European Association of Work and Organizational Psychology, May 17th - 20th 2017 Dublin, Ireland.

Hare, R. D. (1991). *The Hare Psychopathy Checklist—Revised*. Toronto, Ontario, Canada: Multi-Health Systems.

Harms, P. D., Spain, S. M., & Hannah, S. T. (2011). Leader development and the dark side of personality. *The Leadership Quaterly*, *22*, 495–509

Hill, P. L., Roberts, B.W., Grogger, J. T., Guryan, J., & Sixkiller, K. (2011). Decreasing Delinquency, Criminal Behavior, and Recidivism by Intervening on Psychological Factors Other than Cognitive Ability: A Review of the Intervention Literature. *NBER Working Paper*, 16698.

Hodson, R., Roscigno, V. J., & Lopez, S. H. (2006). Chaos and the abuse of power: Workplace bullying in organizational and interactional context. *Work and Occupations*, *33*(4), 382–416.

Hogan, R., & Hogan, S. (2001). Assessing leadership: A view of the dark side. *International Journal of Selection and Assessment*, *9*, 49–51.

Hogan, J., Hogan, R., & Kaiser, R. B (2010). Management Derailment. In S. Zedeck (Hrsg.), *APA handbook of industrial and organizational psychology* (Bd. 3, 555–575). Washington, DC: American Psychological Association.

Hogan, J., Hogan, R., & Kaiser, R. B. (2011). Management Derailment. In S. Zedeck (Hrsg.), *APA handbook of industrial and organizational psychology* (Vol. 3, Maintaining, expanding, and contracting the organization, 555–575). Washington, DC: American Psychological Association.

Horwitz, L. (2000). Narcissistic leadership in psychotherapy groups. *International journal of group psychotherapy*, *50*(2), 219–235.

Hossiep, R. (2014). Soziale Erwünschtheit. In M. A. Wirtz (Hrsg.), *Dorsch – Lexikon der Psychologie* (17. Aufl., S. 1552). Bern: Verlag Hans Huber.

Hossiep, R., & Bräutigam, S. (2007). Tests und Tools: Inventar berufsbezogener Einstellungen und Selbsteinschätzungen (IBES) von B. Marcus. *Zeitschrift für Personalpsychologie, 6(2)*, 85–90.

Hossiep, R., & Ringelband, O. (2014). Psychopathische Persönlichkeitsfacetten im Top-Management: Persönlichkeitseigenschaften und Derailment-Risiken von Top-Managern. *Wirtschaftspsychologie, 3/2014*, 21–27.

Johns, G. (1999). Amulti-level theory of self-serving behavior in and by organizations. In R.I. Sutton, & B.M. Staw (Hrsg.). *Research in Organizational Behavior*, 1–38. New York: Elsevier Science/JAI Press.

Kanning, U. P. (2013). Testverfahren in der Personalarbeit – Teil 2: Auswahl und Einsatz. *Personal Manager*, *2*, 38–41.

Kanning, U. P. (2014). Managementversagen – Eine diagnostische Perspektive. *Wirtschaftspsychologie, 3/2014*, 13–21.

Kernis M. H., & Sun, C. (1994). Narcissism and reactions to interpersonal feedback. *Journal of Research in Personality*, *28*(1), 4–13.

Kets de Vries, M. F. R. (1988). Origins of charisma: ties that bind the leader and the led. In J. A. Conger & R. N. Kanungo (Hrsg.), *Charismatic leadership: the elusive factor in organizational effectiveness* (237–252). San Francisco: Jossey-Bass.

Le, H., Oh, I. S., Robbins, S. B., Ilies, R., Holland, E., & Westrick, P. (2011). Too much of a good thing: curvilinear relationships between personality traits and job performance. *Journal of Applied Psychology*, *96*(1), 113–133.

Lemoine, G. J., & Blum, T. C. (2013). The Power of Followership: How Subordinate Characteristics Moderate Leader-Performance Relationships. *In Academy of Management Proceedings* (2013, 1; 17050). Academy of Management.

Lin, S. H. J., Ma, J., & Johnson, R. E. (2016). When ethical leader behavior breaks bad: How ethical leader behavior can turn abusive via ego depletion and moral licensing. *Journal of Applied Psychology*, *101*(6), 815–830.

Locke, E. A., & Latham, G. P. (2002). Building a practically useful theory of goal setting and task motivation: A 35-year odyssey. *American psychologist*, *57*(9), 705.

Lombardo, M. M., & Eichinger, R. W. (2000). *The leadership machine*. Minneapolis, MN: Lominger Limited.

Lombardo, M. M., & Eichinger, R. W. (2006). *The leadership machine* (3rd Ed.). Minneapolis: Lominger Limited, Inc.

Lombardo, M. M., & McCauley, C. D. (1988). *The dynamics of management derailment. Technical Report (No. 34)*. Greenboro, NC: Center of Creative Leadership.

Maddi, S. R. (2006). Hardiness: The courage to grow from stresses. The *Journal of Positive Psychology*, *1*, 160–168.

Marcus, B., (2006). *Inventar berufsbezogener Einstellungen und Selbsteinschätzungen (IBES)*. Göttingen: Hogrefe.

May, D., Schilling, J., Schyns, B. (2016). Destruktive Führung erkennen und verhindern. In: *Mitarbeiterführung*. Berlin Heidelberg: Springer.

McCall, M. W. J., & Lombardo, M. M. (1983). Off the track: Why and how successful executives get derailed. *Center for Creative Leadership Report*, *21*, Greensboro.

Mitchell, M. S., & Ambrose, M. L. (2007). Abusive supervision and workplace deviance and the moderating effects of negative reciprocity beliefs. *Journal of Applied Psychology*, *92*, 1159–1168.

Nerdinger, F. W. (2014). Gravitation und organisationale Sozialisation. In: Nerdinger, F. W., Blickle, G., & Schaper, N. (Hrsg.). *Arbeits-und Organisationspsychologie* (S. 71–82). Berlin: Springer-Verlag.

O'Boyle, E. H., Forsyth, D. R., Banks, G. C. & McDaniel, M. A. (2012). A meta-analysis of the dark triad and work behavior: A social exchange perspective. *Journal of Applied Psychology, 97*(3), 557–579.

Padilla A., Hogan R., & Kaiser R. B. (2007). The toxic triangle: Destructive leaders, susceptible followers, and conducive environments. *The Leadership Quarterly, 18*, 176–194.

Pogatschar, C. (2015). *Followership in Organisationen – Eine Analyse positiver und destruktiver Persönlichkeitsmerkmale*. Unveröffentlichte Bachelorarbeit, Düsseldorf: Hochschule Fresenius.

Poon, J. M. L. (2003). Situational antecedents and outcomes of organizational politics perceptions. *Journal of Managerial Psychology, 18*, 138–155.

Rosen, C.C., & Levy, P.E. (2013). Stresses, swaps, and skill: An investigation of the psychological dynamics that relate work politics to employee performance. *Human Performance, 26*(1), 44–65.

Rynes, S. L., Brown, K. G., & Colbert, A. E. (2002). Seven common misconceptions about human resource practices: Research findings versus practitioner beliefs. *The Academy of Management Executive, 16*(3), 92–103.

Salgado, J. F., & Tauriz, G. (2014). The Five-Factor Model, forced-choice personality inventories and performance: A comprehensive meta-analysis of academic and occupational validity studies. *European Journal of Work and Organizational Psychology, 23*(1), 3–30.

Sarges, W. (2011). Biographisches Interviewen in der Eignungsdiagnostik. In G. Jüttemann (Hrsg.), *Biographische Diagnostik* (169–177). Lengerich: Papst Science Publishers.

Sattelberger, T. (2013). Schmidt holt Schmidtchen. Interview. *Handelsblatt, 4.10.2013*, S. 62 f.

Schein, E. H. (1990). Organizational culture. *American Psychologist, 45*(2), 109–119.

Schmidt-Lellek, C. J. (1995). Narzisstischen Machtmissbrauch. In: Schmidt-Lellek, C. J., Heimannsberg, B. (Hrsg.), *Macht und Machtmißbrauch in der Psychotherapie*. Köln: Edition Humanistische Psychologie.

Schneider, B. (1987). The people make the place. *Personnel Psychology, 40*(3), 437–453.

Schriesheim, C. A. (1997). Substitutes-for-leadership theory: Development and basic concepts. *The Leadership Quarterly, 8*(2), 103–108.

Schreyögg, A. (1996). Zur Unberatbarkeit charismatischer Sozialmanager. *OSC, 3*(2), 149–166.

Schuler, H. (2000). Das Rätsel der Merkmals-Methoden-Effekte: Was ist „Potential" und wie läßt es sich messen? In L. von Rosenstiel & T. Lang-von Wins (Hrsg.), *Perspektiven der Potentialbeurteilung* (27–71). Göttingen: Hogrefe.

Schuler, H., Hell, B., Trapmann, S., Schaar, H., & Boramir, I. (2007). Die Nutzung psychologische Verfahren der externen Personalauswahl in deutschen Unternehmen. *Zeitschrift für Personalpsychologie, 6*, 60–70

Schyns, B. (2015). Dark personality in the workplace: Introduction to the special issue. *Applied Psychology: An International Review, 64*(1), 1–14.

Sessa, V. I., Kaiser, R. B., Taylor, J. K., & Campbell, R. J. (1998). *Executive selection*. Greensboro, NC: Center for Creative Leadership.

SHL (2006). *OPQ32: Technical Manual*. Thames Ditton, UK: SHL Group.

Skogstad, A., Einarsen, S., Torsheim, T., Aasland, M. S., & Hetland, H. (2007). The destructiveness of laissez-faire leadership behavior. *Journal of occupational health psychology, 12*(1), 80.

Smither, J. W., London, M., & Reilly, R. R. (2005). Does performance improve following multisource feedback? A theoretical model, meta-analysis, and review of empirical findings. *Personnel Psychology, 58*(1), 33–66.

Stephan, U., & K. Westhof (2002). Personalauswahlgespräche im Führungskräftebereich des deutschen Mittelstandes: Bestandsaufnahmen und Einsparungspotential durch strukturierte Gespräche. *Wirtschaftspsychologie, 3*, 3–17

Stumm, S., Dormann, C., & Thomas, E. (2010). Selbstregulationsstärke und Leistung: Dualer Prädiktor im dualen Studium. *Zeitschrift für Arbeits- und Organisationspsychologie, 54* (4), 171–181.

Tangney, J. P., Baumeister, R. F., & Boone, A. L. (2004). High self-control predicts good adjustment, less pathology, better grades, and interpersonal success. *Journal of Personality*, *72*(2), 271–324.

Tepper, B. J. (2000). Consequences of abusive supervision. *Academy of Management Journal*, *43*(2), 178–190.

Van Dyne, L., Vandewalle, D., Kostova, T., Latham, M. E., & Cummings, L. L. (2000). Collectivism, propensity to trust, and self-esteem as predictors of organizational citizenship in a non-work setting. *Journal of Organizational Behavior*, *21*, 3–23.

Van Velsor, E., Taylor, S., & Leslie, J.B. (1993). An examination of the relationships among self-perception accuracy, self-awareness, gender, and leader effectiveness. *Human Resource Management*, *32*(2–3), 249–64.

Vroom, V. H. (1964). *Work and motivation*. New York, NY: Wiley.

Walker, A., & Smither, J.W. (1999). A five-year study of upward feedback: What managers do with their results matters. *Personnel Psychology*, *52*(2), 393–423.

Westermann, F. (2012). Derailment und Managementversagen – Turning a blind eye to disaster?: Neue Wege innovativer Management-Diagnostik als Antworten auf Phänomene der Führungskrise. In S. Armutat & A. Seisreiner (Hrsg.), *Diferentielles Management* (190–209). Wiesbaden: Springer.

Wilkens, U. & Externbrink, K. (2011): Führung in Veränderungsprozessen. In: Busse Colbe, W. von; Coenenberg, A. G.; Kajüter, P.; Linnhoff, U.; Pellens, B. (Hrsg.), *Betriebswirtschaft für Führungskräfte* (4. Auflage., 209–233), Stuttgart: Schäffer-Poeschel.

Wilson, P. (2010). Why psychopaths like Dexter aren't really all that bad. In B. DePaulo (Ed.), *The psychology of Dexter*, 217–227. Dallas, TX: BenBella Books.

Woehr, D. J., & Huffcutt, A. I. (1994). Rater training for performance appraisal: A quantitative review. *Journal of occupational and organizational psychology*, *67(3)*, 189–205.

Wustmann, C. (2009). Die Erkenntnisse der Resilienzforschung – Beziehungserfahrungen und Ressourcenaufbau. *Psychotherapie Forum*, *17*, 71–78.

Yam, K. C., Fehr, R., Keng-Highberger, F. T., Klotz, A. C., & Reynolds, S. J. (2016). Out of control: A self-control perspective on the link between surface acting and abusive supervision. *Journal of Applied Psychology*, *101*(2), 292.

Yang, J., & Diefendorff, J.M. (2009). The relations of daily counterproductive workplace behaviorwith emotions, situational antecedents, and personalitymoderators: A diary study in Hong Kong. *Personnel Psychology*, *62*(2), 259–295.

Schlussbetrachtung

K. Externbrink, M. Keil, *Narzissmus, Machiavellismus und Psychopathie in Organisationen*,
DOI 10.1007/978-3-658-17239-8_8

Zusammenfassung
Abschließend gehen wir auf Herausforderungen für zukünftige Forschungsarbeiten ein. Im Kern geht es uns um die Entwicklung adäquater Messinstrumente und Interventionen für den Anwendungsbereich sowie Möglichkeiten qualitativer und quantitativer Methoden zur Identifikation (dys-) funktionaler Konsequenzen der dunklen Triade und deren Randbedingungen.

Auch wenn die oben beschriebenen Theorien, Befunde und Methoden bei Weitem nicht den gesamten Forschungsstand rezipieren können, so ist doch hoffentlich zumindest eines deutlich geworden: Dass Personen mit hohen Werten auf der dunklen Triade zwar auf den ersten Blick charmant, charismatisch und durchsetzungsstark erscheinen, wobei dahinter allerdings eine dunkle und destruktive Seite liegt, die sehr schädlich für die Organisation sein kann; insbesondere ist das natürlich dann der Fall, wenn Führungskräfte mit diesen Eigenschaften „ausgestattet" sind.

Ausblick So ergeben sich für die zukünftige Forschung zahlreiche Anknüpfungspunkte. Die wichtigsten sehen wir erstens, in der Entwicklung von berufsbezogenen Skalen zur dunklen Triade im Forced-Choice-Format und ihrer systematischen Erprobung im Selektionskontext und zweitens, in der intensiveren Erforschung von Interventionen; dabei sollte besonders auf die abhängigen Variablen geachtet werden. Insbesondere angesichts der aktuellen metaanalytischen Befunde eignet sich der Zusammenhang zwischen der dunklen Triade und kontraproduktivem Arbeitsverhalten, um abschwächende Randbedingungen, also Moderatorvariablen im Bereich der Führung und Aufgabengestaltung zu testen. Dabei steht auch ganz allgemein die Frage nach dem Zusammenspiel zwischen (dunkler) Persönlichkeit und Situation (Anforderungen und Arbeitsumgebung) etwa den Perceived Organizational Politics im Fokus. Methodisch sollte dies an Längsschnittdesigns gekoppelt sein, weil die Mehrzahl der Feldstudien zur dunklen Tirade im Kontext von Organisationen auf Korrelationsstudien im Querschnitt basieren.

Zukünftige Forschung

Zudem ist nicht nur für die Grundlagenforschung, sondern auch für Organisationen die Frage relevant, worin die Unterschiede zwischen erfolgreichen, funktionalen und weniger effektiven dunklen Persönlichkeiten bestehen. Dabei will gut überlegt sein, wie der Führungserfolg operationalisiert wird. Wie die oben beschriebenen Theorien und Befunde nahelegen, kommt hier wahrscheinlich den Variablen Political Skill und Intelligenz als moderierenden Personenvariablen eine besondere Bedeutung zu. Ebenso der Differenzierung zwischen primärer und sekundärer Psychopathie. Hier können neben quantitativen Untersuchungen auch qualitative, an der Biografie orientierte Untersuchungen (Exposition, Genese, Peripetie, Katastrophe) oder Vergleiche mit auffällig gewordenen klinischen Probanden zum besseren Verständnis dunkler Persönlichkeitseigenschaften in Organisationen beitragen.

Kurzskalen zur dunklen Triade

K. Externbrink, M. Keil, *Narzissmus, Machiavellismus und Psychopathie in Organisationen*,
DOI 10.1007/978-3-658-17239-8_9

Zusammenfassung
Für die (anwendungsorientierte) Forschung zur dunklen Triade eignen sich insbesondere die „Short Dark Triad" (Jones und Paulhus 2014) und „Das dreckige Dutzend" (Küfner et al. 2014). Diese sind im Folgenden unter Verweis auf die Originalarbeiten vollständig abgebildet.

9.1 Short Dark Triad

Jones, D. N., & Paulhus, D. L. (2014). Introducing the short dark triad (SD3) a brief measure of dark personality traits. *Assessment*, 21, 28–41.

- **Machiavellianism**

1. It's not wise to tell your secrets.
2. I like to use clever manipulation to get my way.
3. Whatever it takes, you must get the important people on your side.
4. Avoid direct conflict with others because they may be useful in the future.
5. It's wise to keep track of information that you can use against people later.
6. You should wait for the right time to get back at people.
7. There are things you should hide from other people to preserve your reputation.
8. Make sure your plans benefit yourself, not others.
9. Most people can be manipulated.

- **Narcissism**

1. People see me as a natural leader.
2. I hate being the center of attention. (R)
3. Many group activities tend to be dull without me.
4. I know that I am special because everyone keeps telling me so.
5. I like to get acquainted with important people.
6. I feel embarrassed if someone compliments me. (R)
7. I have been compared to famous people.
8. I am an average person. (R)
9. I insist on getting the respect I deserve.

- **Psychopathy**

1. I like to get revenge on authorities.
2. I avoid dangerous situations. (R)
3. Payback needs to be quick and nasty.
4. People often say I'm out of control.
5. It's true that I can be mean to others.
6. People who mess with me always regret it.

9.2 Das dreckige Dutzend

Kufner, A. C. P., Dufner, M., & Back, M. D. (2015). Das Dreckige Dutzend und die Niedertrachtigen Neun. Diagnostica, 61, 76–91.

M	1. Ich neige dazu, andere zu manipulieren, um meinen Willen durchzusetzen.
P	2. Ich neige dazu, keine Gewissensbisse zu haben.
N	3. Ich neige dazu, von anderen bewundert werden zu wollen.
M	4. Ich habe getäuscht oder gelogen, um meinen Willen durchzusetzen.
P	5. Ich neige dazu, mich nicht um die Moral meiner Handlungen zu kümmern.
N	6. Ich neige dazu, von anderen beachtet werden zu wollen.
M	7. Ich habe Schmeicheleien genutzt, um meinen Willen durchzusetzen.
P	8. Ich neige dazu, gefühllos oder unsensibel zu sein.
N	9. Ich neige dazu, nach Ansehen oder Status zu streben.

- -

M	10. Ich neige dazu, andere für meine Zwecke auszunutzen.
P	11. Ich neige dazu, zynisch zu sein.
N	12. Ich neige dazu, besondere Gefälligkeiten von anderen zu erwarten.

Serviceteil

K. Externbrink, M. Keil, *Narzissmus, Machiavellismus und Psychopathie in Organisationen*,
DOI 10.1007/978-3-658-17239-8

Stichwortverzeichnis

Printed by Printforce, the Netherlands